Christliche Literatur-Verbreitung e. V.
Ravensberger Bleiche 6 · 33649 Bielefeld

Falls nicht anders vermerkt, sind die Bibelstellen der Elberfelder Übersetzung 2003, Edition CSV Hückeswagen, entnommen.

1. Auflage 2017

© 2017 by CLV · Christliche Literatur-Verbreitung
Ravensberger Bleiche 6 · 33649 Bielefeld
Internet: www.clv.de

Satz und Umschlag: Anne Caspari, Marienheide
Druck und Bindung: GGP Media GmbH, Pößneck
Artikel-Nr. 256358
ISBN 978-3-86699-358-7

Abenteuer Babyjahre

Eine kleine Starthilfe
für frischgebackene Mütter

Inhalt

»Glückselig der Mensch,
dessen Stärke in dir ist,
in deren Herzen gebahnte
Wege sind!«

Psalm 84,6

Zu Beginn

Vielleicht erinnerst Du Dich noch an diesen besonderen Moment: Beide Felder auf dem Schwangerschaftstest färben sich. Du bist schwanger! Ein absolutes Wunder, das Du nicht bewirken konntest, obwohl Du daran beteiligt warst. Ab diesem Augenblick beginnt ein neuer Lebensabschnitt, der Eintritt in ein unbekanntes Land. Sicher beobachtest Du viele Familien in Deinem Umfeld und hast Deine eigenen Vorstellungen davon, was für eine Art Mutter Du sein möchtest. Aber ab jetzt bist Du nicht mehr nur kritische Zuschauerin, sondern verantwortliche Hauptdarstellerin! Und da erlebt man, dass vieles nicht so leicht ist, wie man sich das vorher gedacht hat.

Wie schön ist es, wenn Du in einer persönlichen Beziehung zu Gott, dem Schöpfer jeder Mutter und jedes Kindes, diese besondere Zeit erleben darfst. Es ist ein unglaubliches Vorrecht und eine überwältigende Freude, als Frau in einer geheimnisvollen Weise Anteil zu haben an der großen göttlichen Kunst, Leben zu geben. Aber diese wunderbare Erfahrung ist auch eine gewaltige Herausforderung, durch die Du viel lernen kannst – vor allem über Dich selbst. Dein Kind wird Saiten in Dir zum Klingen bringen, von denen Du nicht wusstest, dass es sie überhaupt gibt. Eine Opferbereitschaft und Liebe, zu der Du Dich nicht für fähig gehalten hast. Aber – so ist es jedenfalls bei mir – auch eine Gereiztheit, Ungeduld und Hilflosigkeit, vor der ich manchmal erschrecke. Willkommen im Leben als Mutter!

Nun sagt die Bibel kaum etwas direkt über die erste Zeit des Lebens, um die es in diesem Buch gehen soll. Und sicher gibt es gerade im Umgang mit Babys und Kleinkindern große Unterschiede je nach Zeit und Kultur. Weil die Bibel Gültigkeit für alle Menschen zu allen Zeiten beansprucht, finden wir keine Detailgebote wie »Gehe mit Deinem Baby jeden Tag drei Stunden spazieren«. Aber doch lassen sich aus dem Wort Gottes Grundsätze ableiten, die jede Mutter in ihrer individuellen Lebenssituation zu ihrem eigenen Segen und zum Wohl ihres Kindes beherzigen kann.

In den Detailfragen lässt die Bibel uns große Spielräume. Daher ist es nicht meine Absicht, über Unwichtiges zu streiten. Manche Frauen könnten allein über die Frage, ob Schnuller oder Daumen für das Kind gesünder ist, stundenlang diskutieren. Manche würden sich vielleicht eher für die Wichtigkeit eines Tragetuchs engagieren als für eine christliche Glaubensüberzeugung! Ich meine, vieles kann man so oder auch so machen. Dennoch möchte ich auch einige praktische Tipps weitergeben, die uns als Ehepaar in den Babyjahren unserer Kinder geholfen haben. Das allermeiste haben wir uns nicht selbst ausgedacht, sondern von anderen christlichen Familien abgeschaut oder in guten Büchern gelesen. Wenn Du mit einem Tipp nichts anfangen kannst, lies einfach weiter. Viel mehr als um eine Einzelfrage geht es mir um die Betonung einer Grundhaltung, die hoffentlich mit biblischen Prinzipien übereinstimmt. Ich möchte versuchen, Dir viel Mut zu machen, in dieser verrückten Welt eine glückliche und entspannte Mama zu sein! Denn Du wirst merken, dass unter jungen Müttern eine nie da gewesene Unsicherheit herrscht. Nicht wenige sind überfordert und am Ende ihrer psychischen und physischen Kräfte. Man hat das Gefühl, dass moderne Frauen vieles erfolgreich managen – aber die grundlegenden Fähigkeiten, die zum Muttersein gehören, verloren haben. Auch christliche Frauen bleiben von dieser Entwicklung nicht unberührt.

Die Bibel sagt, dass der Weise auf Rat hört (Sprüche 1,5). Leider gibt es gerade in diesem Themenbereich immer mehr Ratgeber, die von einem ganz anderen Menschen- und Weltbild ausgehen, als wir Christen das tun. Ein großer Teil der Ratschläge kommt von Leuten, die selbst gar keine Kinder haben oder Ehe und Familie auf eine andere Art und Weise leben, als Gläubige das anstreben. Manches, was Babys angeblich unbedingt brauchen, wird mit der Abstammung des Menschen vom Tier oder fraglichen tiefenpsychologischen Theorien begründet. Wenn Du nur aus diesen Quellen Deine Informationen beziehst, wirst Du wahrscheinlich am Ende an einem Punkt landen, wo Du ursprünglich überhaupt nicht hinwolltest. Deswegen möchte ich Dich ermutigen, viel mit gläubigen Frauen zu sprechen, die Dir in diesem Bereich Vorbilder sein können.

Ich wünsche Dir und Deinem Ehemann »gebahnte Wege im Herzen«[1], damit Ihr in Übereinstimmung und unter Gebet diese besondere Anfangszeit mit Eurem Kind erleben und gestalten könnt. Ich hoffe, dass die Freude und die Schwierigkeiten, die jedes Baby mit sich bringt, Dich sanfter, liebevoller, demütiger, mutiger und glaubensvoller machen – Dich also mehr in die Frau verwandeln, die Gott sich vorstellt.

. . . .

1 »Glückselig der Mensch, dessen Stärke in dir ist, in deren Herzen gebahnte Wege sind!« (Psalm 84,6).

1

Stille Zeit

»Wen habe ich im Himmel?
Und neben dir habe ich
an nichts Lust auf der Erde.«

Psalm 73,25

Bestimmt kannst Du es kaum erwarten, etwas zu den Dauer-brennern »Durchschlafen« oder »Aufgabenverteilung« zu lesen. Aber schön, dass Du nicht gleich weitergeblättert hast, sondern Dir Zeit für das erste Kapitel nimmst. Wenn Du gläubig bist, ist Deine persönliche Beziehung zu Gott das Wichtigste in Deinem Leben. Wenn diese Beziehung gut ist, dann ist es auch nicht so entscheidend, ob Du Dein Kind in einem Zwei- oder einem Drei-Stunden-Rhythmus stillst (obwohl ich persönlich einen Drei-Stunden-Rhythmus angenehmer finde) und ob Du es im Wasch-becken oder in einem speziellen Badeeimer badest. Im Vergleich zu Deinem Glauben sind diese Dinge Nebensächlichkeiten. Du bist gerettet für die Ewigkeit, darfst schon jetzt in einer leben-digen Beziehung zu Gott leben und mit Deinem Leben Jesus Christus dienen. Das ist das Entscheidende unseres Lebens und ein großartiges Vorrecht.

Wie Du aus allen Freundschaften in Deinem Leben weißt, braucht jede Beziehung Zeit, und unsere Beziehung zu Gott bildet da keine Ausnahme. Wir alle haben Ermutigung, Ermahnung, Korrektur, Reinigung, Trost, Ruhe und Belehrung von ihm nötig. Diese erfahren wir in der Gemeinde, durch die Gemeinschaft mit anderen Chris-ten und in den Momenten, in denen wir mitten in unserem Alltagsgeschäft bewusst an Gott denken und mit ihm reden. Aber dies alles ersetzt nicht die bestimmte Zeit am Tag, die wir uns bewusst für die Zweisamkeit mit dem Herrn und seinem Wort reservieren – die sogenannte »Stille Zeit«.

Einige junge Mütter meinen, dass »Stille Zeit« einfach nicht mehr regelmäßig möglich sei, wenn man ein Baby hat. Manchmal haben diese Frauen Mütter von älteren Kindern gefragt und von diesen dann auch zu hören bekommen, dass Muttersein und regelmäßige Zeit allein mit Gott einfach schwer miteinander vereinbar seien. Und als sie nach der Geburt des ersten Kindes morgens zuerst einmal stillen mussten (und nicht wie früher als Erstes die Bibel zur Hand nehmen konnten), dazu dann noch eine permanente Müdigkeit und ein ständiger Mangel an Ruhe kam, haben manche Frauen sich in dieser Ansicht nur bestätigt gefühlt und aufgehört, darum zu ringen, regelmäßig eine Zeit mit Gott allein zu haben. Warum sich auch um etwas bemühen und durch Scheitern immer wieder frustriert sein, wenn es sowieso nicht klappen kann? Und sind die Alltagspflichten einer jungen Mutter nicht ohnehin so vorgegeben, dass Gottes Führung jetzt nicht mehr so brennend nötig ist wie früher? Die »großen Entscheidungen« wie Partner- und Berufswahl liegen ja hinter einem – und wenn man in der Phase, in der das Leben zu einem großen Teil aus dem Wechseln von Windeln und Spazierengehen besteht, nicht mehr ganz so eng mit Gott lebt, ist das doch nicht so tragisch – oder?

Es ist natürlich ein Trugschluss, so zu denken. Wichtige Entscheidungen mögen hinter Dir liegen, aber viele richtungsweisende Entscheidungen liegen auch noch vor Dir. Und diese betreffen nicht nur Dein eigenes Leben, sondern auch das Deines Mannes und Deiner Kinder. Von daher ist Deine Verantwortung im Vergleich zu früher eher größer als kleiner geworden. Außerdem hast Du jeden Tag viele kleine Entscheidungen zu treffen, die einzeln gesehen vielleicht keine große Bedeutung haben, aber in der Summe ausmachen, was für eine Art Frau Du werden wirst. Hörst Du

Dir die Predigt vom Sonntag, die Du im Babyraum nicht gut verfolgen konntest, am Montag oder Dienstag noch einmal an? Nutzt Du später am Tag eine ruhige Zeit zum Bibellesen und Gebet, wenn es mit der Stille früh am Morgen nicht geklappt hat? Oder vernachlässigst Du den »Draht nach oben«, nachdem Du Deine Herzenswünsche, nämlich einen Mann und ein Kind, von Gott erfüllt bekommen hast? Wofür »lohnt« es sich für Dich jetzt noch, geistlich zu sein? Wie Du diese Fragen beantwortest, wird einen entscheidenden Einfluss darauf haben, in welche Richtung sich Dein eigenes geistliches Leben und das Deiner ganzen Familie entwickeln wird.

Das »Was« steht vielleicht schon fest. Aber für das »Wie« brauchst Du immer noch Weisheit von oben.

Es stimmt vielleicht, dass das »Was« Deines Tagesablaufs als junge Mama ziemlich festgelegt ist, aber für das »Wie« – also mit welcher inneren Haltung und Motivation Du die Dinge tust – brauchst Du immer noch Weisheit von oben (vgl. Jakobus 3,17 und 1,5). Es ist so ein Unterschied, ob man seinen Pflichten fröhlich, dankbar und gelassen nachgeht, oder mürrisch, sorgenvoll und jammernd! Du brauchst geistliche Energie, damit die Versorgung Deiner Kinder nicht zur herzlosen Routine wird. Gottes Wort möchte Dir Reinigung und Kraftquelle sein. Außerdem wird in ein paar kurzen Jahren aus Deinem süßen Baby ein neugieriges Kind im Kindergartenalter und schon wenig später ein aufgewecktes Schulkind geworden sein, das Dich mit tausend Fragen über Gott und die Welt löchert. Es wird in einem Umfeld heranwachsen, das in vielen Bereichen genau das Gegenteil von dem tut und vermittelt, was Dir wichtig ist. Also nutze die kurzen Jahre, solange Dein Kind noch klein ist, um Gott und sein Wort so gut wie irgend möglich kennenzulernen!

Außerdem gibt es auch in einem vorgegebenen Babyalltag verschiedene Möglichkeiten, seine Zeit zu gestalten. Vielleicht fragst Du Dich am Nachmittag: »Soll ich gleich noch einmal auf den Spielplatz gehen, um dort meine ungläubige Freundin zu treffen und mit ihr zu reden? Oder wäre es wichtiger, meinem Mann zur Überraschung ein paar frische Waffeln zu backen, wenn er von der Arbeit nach Hause kommt? Oder würde es ihn mehr freuen, wenn das Wohnzimmer mal endlich wieder richtig aufgeräumt wäre? Oder wäre ein Nickerchen auf dem Sofa angebracht, damit ich heute Abend in der Bibelstunde nicht vor Müdigkeit vom Stuhl kippe?« Wenn Du ohne regelmäßiges Bibellesen und Gebet lebst, wirst Du solche Entscheidungen immer nur unter dem Aspekt »Was tut mir jetzt gut?« treffen. Aber wir sind doch dazu berufen, nicht uns selbst zu leben, sondern dem, der für uns gestorben und auferstanden ist (2. Korinther 5,15)!

Bestimmt kannst Du Dir, was die Gestaltung und den Zeitpunkt der »Stillen Zeit« betrifft, Rat von einer älteren Mutter aus Deiner Gemeinde holen, die trotz mehrerer Kinder ihre persönliche Stille mit Gott nicht vernachlässigt hat. Wahrscheinlich

> Du brauchst Stille mit Gott! Jetzt genauso wie in jeder anderen Lebensphase.
>
>

wird sich der Zeitpunkt im Tagesablauf, an dem Du in Ruhe beten und in der Bibel lesen kannst, im Laufe der Jahre immer mal wieder ändern. Vielleicht ist auch Deine »Stille Zeit« nicht immer so lang wie in der Lebensphase, als Du noch keine Mutter warst und mehr Kontrolle über Deinen Tagesplan hattest. Aber bleib auf jeden Fall dran und nimm es nicht einfach als unabänderlich hin, wenn Du merkst, dass im Alltagstrubel Deine Beziehung zum Herrn immer mehr in den Hintergrund tritt. Du brauchst Stille mit Gott! Jetzt genauso wie in jeder anderen Lebensphase. Was einem wirklich wichtig ist, dafür lässt sich oft ein Weg finden. Wenn Dein Mann gläubig ist, wird er Dir bestimmt helfen, Zeitpunkte in Deinem Tages- und Wochenablauf festzulegen, an denen Du Dich bewusst zur »Stillen Zeit« zurückziehen kannst. Das ist auch mit einem Baby oder mehreren Kindern möglich. Und die Investition lohnt sich!

Am Anfang ist es wahrscheinlich am einfachsten, wenn Du Deine »Stille Zeit« am frühen Vormittag machst, wenn Dein Baby seine erste längere Schlafphase hat. Aber im Lauf der Jahre ist es klug, seine Bibel nicht nur dann zu lesen, wenn das Kind schläft. Du bist ja für Deinen kleinen Schatz das wichtigste Vorbild, und es sollte mit dem vertrauten Bild aufwachsen, wie die Mama mit ihrer Bibel und einem Notizbuch in einer ruhigen Ecke sitzt und Gemeinschaft mit Gott hat. Bis zum zweiten Geburtstag kann ein Kind gut gelernt haben, dass es jetzt für eine Zeit leise spielen muss und Dich nicht mit unwichtigen Anliegen stören darf. In der Babyzeit habe ich auch oft Stille mit Gott gehabt, während ich das Baby stillte oder es zufrieden auf meinem Arm kuschelte.

Wenn Du dabei nicht nur in Gedanken, sondern mit leiser Stimme zu Gott betest, ist dies für das Baby ein besonderer Segen.

Was die Möglichkeiten betrifft, zu Hause zusätzlichen geistlichen Input zu bekommen, hat es die heutige Generation junger Frauen so leicht wie keine vor ihr. Es gibt online so viele gute Predigten, dass Deine Zeit gar nicht ausreichen wird, sie alle zu hören. Es gibt so viele gute Bücher günstig zu erwerben, dass Du eigentlich keine Stunde Langeweile zu haben bräuchtest. Mach etwas aus den überragend vielfältigen Möglichkeiten, die Dir zur Verfügung stehen! Wenn Du Zeit hast, ständig neue Babyfotos zu posten und stundenlang in Second-Hand-Läden nach hübscher Kinderkleidung zu stöbern, solltest Du auch Zeit für Deinen Herrn finden können.

Mit unserem Wunsch nach Gemeinschaft mit Gott bringen wir unsere eigene Bedürftigkeit zum Ausdruck, dass wir eben nicht alles alleine hinbekommen, sondern göttliche Hilfe benötigen. Unsere eigene Weisheit und unsere eigenen Kräfte reichen für ein Muttersein nach Gottes Herzen nicht aus – wir brauchen Hilfe von oben dafür. In einer Predigt hörte ich den Satz: »Christsein heißt, immer wieder neu anzufangen.« Dieser Satz passt hier wunderbar. Sicherlich wird es mal Tage geben, an denen es mit der »Stillen Zeit« einfach nicht klappen will. Abende, an denen man enttäuscht feststellt, dass man es heute einfach nicht hinbekommen hat. Das ist kein

> Unsere eigene Weisheit und unsere eigenen Kräfte reichen für ein Muttersein nach Gottes Herzen nicht aus – wir brauchen Hilfe von oben dafür.

Weltuntergang! Gottes Güte ist jeden Morgen neu und wartet auf uns. Wir können jeden Tag wieder neu anfangen.

Zum Schluss möchte ich noch einen ermutigenden und herausfordernden Abschnitt aus dem Buch »Eine Mutter nach dem Herzen Gottes« zitieren. Hier ist eine junge Mutter, die trotz vier kleiner Kinder eine regelmäßige »Stille Zeit« mit Gott hat. Ihre Mutter, die nach der Geburt des vierten Kindes zur Unterstützung angereist war, beschreibt dies folgendermaßen:

»Vor Kurzem bekam unsere Courtney ihr viertes Baby, die wunderbare kleine Grace. Jim und ich reisten zu ihr nach Connecticut, um während ihres Klinikaufenthalts auf die anderen drei Kinder aufzupassen. Anschließend blieben wir noch etwa zehn Tage, um ihr zu helfen und die Umstellung des Familienlebens auf vier Kinder zu erleichtern.

Eine Erinnerung trage ich aus dieser Zeit mit mir: Jeden Morgen saß Courtney mit ihren Kindern – fünf-, vier- und zweijährig – mit Jim und mir am Frühstückstisch. (Das macht sechs Leute am Frühstückstisch und das Baby im Stubenwagen.) Neben ihr lag ihre abgenutzte Bibel. Später, nachdem das Geschirr abgeräumt, die Küche gesäubert und die Kinderschar an Mund und Händen gewaschen war, schickte sie ihre Kinder zu anderen Beschäftigungen und setzte sich mit einem großen Glas Wasser wieder an den Frühstückstisch – diesmal allein. Nun las sie in ihrer Bibel …

Nun frage ich Dich, wie schafft es eine Mutter, einen anstrengenden Tag nach dem anderen zu meistern? Wie schafft sie es, in einer Gott wohlgefälligen Weise ihre Ehe zu führen, ihren Haushalt zu besorgen, ihr erstes Baby zu versorgen, ihr zweites, ihr drittes, ihr viertes Baby (aus denen ruck, zuck aktive Krabbel- und Vor-schulkinder werden)? Die Antwort: Sie schaut auf Gottes Wort, welches Kraft und Frieden verleiht. Und dieser Blick macht einen Unterschied – einen großen Unterschied!

Ich weiß nicht, wie andere Mütter es schaffen, sich im Alltag täglich Zeit für die Bibel zu nehmen, aber das war ein Beispiel da-für, wie eine Mutter es tut – fast jeden Tag. Sich täglich Zeit für Gottes Wort zu nehmen ist eine Kraft spendende Gewohnheit für das Leben einer Mutter.[2]

Wäre das nicht ein Vorbild, dem Du nacheifern könntest?

2   George, Elizabeth: *Eine Mutter nach dem Herzen Gottes*, Bielefeld 2011, Seite 32-33.

Zum Weiterdenken

Welche Zeit am Tag eignet sich im Moment bei mir am besten, um Ruhe zum Gebet und zum Bibellesen zu haben?

Bringen mich die Herausforderungen des Mutteralltags (Müdigkeit, Gefühle von Über- oder Unterforderung, neue Rollenfindung) näher zu Gott hin — oder von ihm weg?

Gibt es Situationen, in denen ich mein Baby als Ausrede benutze, warum ich manche Bereiche meines Glaubenslebens (regelmäßige »Stille Zeit«, Gebet, pünktlicher Gemeindebesuch …) nicht mehr so ernst zu nehmen brauche?

Ehefrau und Mutter sein

2

»… indem sie die jungen Frauen
lehren, ihre Männer zu lieben,
ihre Kinder zu lieben …«

Titus 2,4

Verschiedene Rollen

Wir waren mit unserem fünf Monate alten Baby zum Ferienhaus vorgefahren und erwarteten einen Tag später die Ankunft einiger Jungs aus unserer Gemeinde für ein gemeinsames Wochenende. Ich stand in der Küche und bereitete das Essen vor, mein Mann saß über den Bibelarbeiten und fragte mich zwischendurch nach meiner Meinung über die Themen, die er behandeln wollte. Abends gingen wir noch eine Runde um den See, um etwas schöne Zeit allein zu haben. Unsere kleine Tochter war irgendwie nicht gut drauf, quengelte und wollte viel getragen werden. Ich war von der Fahrt und den Vorbereitungen für das Wochenende müde und abgekämpft. Es war ein warmer Sommerabend und vor uns lief ein Pärchen Arm in Arm. Die Frau sah unglaublich gut aus, war hübsch angezogen, und ihr Mann konnte kaum seine verliebten Blicke von ihr lassen. »Sie muss an diesem Wochenende wahrscheinlich auch nichts anderes tun, als nur gut auszusehen!«, dachte ich neidisch.

In diesem Moment wurde mir zum ersten Mal die Vielzahl der Rollen bewusst, die ich habe. Weil dies die erste Situation war, in der ich das so deutlich gespürt habe, ist sie mir wohl auch so gut in Erinnerung geblieben. Wie gerne wäre ich an diesem lauen Sommerabend einfach nur Ehefrau gewesen, attraktiv für meinen Mann und auf ihn fokussiert! Aber mein Kopf war angefüllt mit all den Dingen, die noch zu erledigen waren. Zugleich erinnerte mich das Baby auf meinem Arm daran, dass ich auch Mutter war. Ich musste dafür sorgen, dass das Wochenende mit den Teenager-Jungen für unsere kleine Tochter nicht zu anstrengend werden würde, dass sie einigermaßen schlafen konnte und ich Ruhe zum Stillen hatte. Und natürlich war ich auch Mitarbeiterin. Die Jungs lagen mir am Herzen, ich wollte gerne für Gespräche zur Verfügung stehen, würde beim Singen Gitarre spielen und für die Küche verantwortlich sein. Im Nachhinein war es ein gelungenes und nicht zu anstrengendes Wochenende, aber ich kann mich noch gut an meine Befürchtung beim Anblick der hübschen jungen Frau erinnern, wohl nie allen diesen Erwartungen auch nur ansatzweise gerecht werden zu können.

Hast Du Dich auch schon gefragt, wie Deine neue Rolle als Mutter zu den anderen Aufgaben passt, die es in Deinem Leben bereits gibt? Im Umgang mit diesem schwierigen Thema hat mir am meisten die Beschäftigung mit Prioritäten geholfen. Die können sich zwar auch mal verschieben (wie an so einem besonderen Wochenende), dürfen aber nicht grundsätzlich und auf Dauer durcheinandergeraten. Von reiferen gläubigen Frauen habe ich die Einsicht übernommen, dass folgende Rangfolge ein gesundes Modell ist: zuerst die persönliche Beziehung zu Gott, dann der Ehemann, dann die Kinder und danach alle anderen Aufgaben und Dienste. Wenn man sich diese Rangfolge der Prioritäten zu Beginn seines Mutterseins klarmacht, wird später vieles leichter werden – obwohl es si-

Prioritätenliste:

♥ deine persönliche Beziehung zu Gott

♥ dein Ehemann

♥ deine Kinder

♥ alle anderen Aufgaben und Dienste

cher eine lebenslange Herausforderung bleiben wird, alles unter einen Hut zu bekommen.

Bevor Dein Kind kam, warst Du nur Ehefrau. Nun ist das Baby da, und Dein Leben wird komplizierter, weil die Mutterrolle hinzukommt. In der Regel denkt man vorher nicht viel darüber nach, wie die eine Rolle die andere beeinflusst (zumindest ich habe das nicht getan). Wenn die Paarbeziehung inzwischen schon etwas eintönig geworden ist, erwartet man vielleicht auch, dass sie durch das Kind vertieft und neu belebt wird. Ein Baby ist ja der sichtbare Ausdruck der gegenseitigen Liebe und eine gemeinsame langfristige Aufgabe. Das alles schweißt ein Paar auf eine besondere Art zusammen. Doch das ist nicht alles – viele unterschätzen die Tatsache, dass gerade das erste Kind auch viele bis dahin unbekannte Herausforderungen für eine Ehe mit sich bringt.

2009 wurde an der Universität von Denver (USA) eine Studie durchgeführt, durch die man herausfinden wollte, wie die Ankunft eines Kindes die Liebesbeziehung von frischgebackenen Eltern beeinflusst. Dabei wurden 218 Paare über einen Zeitraum von acht Jahren regelmäßig zu der Qualität ihrer Beziehung befragt. Was würdest Du schätzen, wie das Ergebnis aussah? Ich denke, die meisten kinderlosen Paare, die sich sehnlichst ein Baby wünschen, würden sagen, dass doch bestimmt nach der Ankunft des ersehnten Nachwuchses die Beziehung viel glücklicher werden muss. Doch das Ergebnis der Studie war, dass neun von zehn Paaren eine Verschlechterung ihrer Beziehung nach der Geburt des ersten Kindes erlebten – also 90 Prozent! Dieser Effekt hielt über die Dauer der Studie an, war aber besonders stark in den ersten Jahren nach der Geburt. Zwar ging auch die Beziehungszufriedenheit der kinderlosen Paare langsam zurück, aber bei den Paaren mit Kind geschah dies deutlich schneller.[3] Ich weiß nicht, ob das Ergebnis dieser Studie unter Christen genauso ausgefallen wäre. Aber es ist doch bemerkenswert, dass ein Baby die Elternbeziehung nicht wie erhofft schöner, sondern in vielen Fällen erst einmal komplizierter macht.

Prioritäten

Ich glaube, vor allem uns Frauen fällt es schwer, unseren Mann auch nach der Geburt eines Kindes den wichtigsten Menschen in unserem Leben sein zu lassen und uns nach wie vor auf unsere Ehe zu konzentrieren. Aber bevor wir unsere Kinder lieben, sollen wir lernen, unsere Männer zu lieben (beachte die Reihenfolge in Titus 2,4). Das ist natürlich mehr eine Frage der inneren Haltung als der buchstäblichen Zeit, die man mit dem Mann im Vergleich zum Kind verbringt. Oft ist es gerade in den ersten Wochen nach der Geburt eine Entscheidung des Willens und nicht der Gefühle. Wahrscheinlich ist jedes Baby in den Augen seiner Mutter das hübscheste Geschöpf auf Erden, und so fällt es ihr normalerweise leicht, ihrem Kind Liebe zu schenken. Ich hätte meine Kleinen stundenlang nur anschauen können: diese im Schlaf ganz entspannten Glieder, ihre zarte Haut, das zufriedene Lächeln – und dazu noch dieser leckere Baby-Geruch! Man bekommt als Mutter so viel zurück: Schon ein unbeholfenes »Ga-ga« kann einen wunschlos glücklich machen. Dem Baby macht es auch nichts

· ·

3   *Journal of Personality and Social Psychology*, Band 96 (3), März 2009, S. 601-619.

aus, wenn man morgens um 10 Uhr noch im Schlafanzug und ungekämmt ist – es lächelt seine geliebte Mama einfach immer gleich fröhlich an.

Die Beziehung zu Deinem Mann erscheint Dir im Gegensatz dazu vielleicht komplizierter. Aber auch, wenn Dich Dein Mutterherz ganz zu Deinem Kind hinzieht: Nimm Dir bewusst vor, Deinem Mann zu zeigen, dass er weiterhin der wichtigste Mensch für Dich ist, auch wenn Du natürlich viele Stunden des Tages mit der Versorgung Deines Babys beschäftigt sein wirst. Du warst Ehefrau, bevor Du Mutter wurdest, und wenn die Kinder schon lange in die Welt hinausgezogen sind, wirst Du hoffentlich immer noch glücklich mit Deinem Mann verheiratet sein. Kinder sind Gäste, der Ehepartner bleibt. Als wir frisch verheiratet waren, sagte einmal ein Bekannter scherzhaft zu meinem Mann: »Jetzt ist sie ja noch nett zu Dir, aber warte erst mal ab, bis die Stute ihr Fohlen hat …« Dann gibt leider manche Frau ihrem Mann das Gefühl, dass er nur noch die zweite Geige spielen darf oder nicht mehr als das fünfte Rad am Wagen ist.

Wie kann diese Prioritätenfolge »erst der Ehemann, dann das Baby« im Alltag aussehen? Meinem Mann ist immer eine kurze Tee-Zeit zu zweit wichtig, wenn er von der Arbeit nach Hause kommt. Ich organisiere meinen Tagesablauf so, dass ich dann – wenn irgend möglich – eine kurze Zeit für ihn allein habe. Die Kinder müssen jetzt warten und sind von klein auf daran gewöhnt. Wenn ein Baby da war, habe ich versucht, es vorher zu versorgen, und es musste sich dann eine Zeit lang alleine beschäftigen. Mein Mann sagt mir immer, dass diese erste Zeit des Nach-Hause-Kommens eine Überschrift über den ganzen Verlauf des weiteren Abends sei. Er würde sich sehr zurückgesetzt fühlen, wenn ich jetzt keine Zeit für ihn hätte, sondern nur mit den Kindern beschäftigt wäre. Sicher freut es Deinen Mann auch, wenn Du Dich weiterhin so pflegst und kleidest, dass er Dich attraktiv findet. Das gilt besonders dann, wenn Du einen großen Teil des Tages »nur zu Hause« bist und »nur er« Dich sieht.

Du warst Ehefrau, bevor Du Mutter wurdest, und wenn die Kinder schon lange in die Welt hinausgezogen sind, wirst Du hoffentlich immer noch glücklich mit Deinem Mann verheiratet sein.

Vielleicht ist es für Deinen Mann auch von großer Bedeutung, dass Ihr regelmäßig einen Abend nur zu zweit weggehen könnt (manche Männer können sehr neidisch auf ihr Baby sein!). Aber was mache ich Dir viele Vorschläge? Du kennst Deinen Partner am besten und weißt, was ihm das Gefühl gibt, weiterhin wichtig für Dich zu sein. Und wenn Du Dir unsicher sein solltest, kannst Du ihn in einer ruhigen Stunde einfach danach fragen. Sicher ist jedenfalls: Wenn wir zu den zehn Prozent gehören wollen, deren Paarbeziehung durch die Ankunft eines Kindes nicht schlechter wird, werden wir bewusst etwas dafür tun müssen!

Außerdem ist es sicher wichtig, dass Dein Mann Dich nicht als Gegenüber und Gesprächspartnerin verliert. Interessiere Dich nicht nur noch für so »weltbewegende« Themen wie Schnullergrößen oder Windelmarken, sondern achte darauf, dass Du weiterhin gute Bücher liest und Interesse am Arbeitsleben Deines Mannes zeigst. Wenn er nach der Arbeit immer nur hört, wie das

Stillen war und ob das Baden geklappt hat, wird Eure Beziehung unter dem Kind auf Dauer bestimmt leiden! Worüber habt Ihr Euch gerne unterhalten, bevor das Baby da war? Es gibt keinen Grund, warum sich jetzt die ganze Kommunikation auf Säuglings-Themen beschränken müsste. Wenn Du Dein Baby mal weinen lässt, weil Du in Ruhe ein Gespräch mit Deinem Mann zu Ende führen willst, wird es keinen langfristigen Schaden nehmen. Wenn das einjährige Kind akzeptieren muss, dass es nicht in Eurem Ehebett einschlafen darf, hat es deswegen keine Defizite. Wenn das zweijährige Kind mal eine Nacht mit Heimweh bei den Großeltern ist, damit Ihr alleine wegfahren könnt, wird seine Welt nicht zusammenbrechen. Aber andersherum wird Dein Kind ganz bestimmt leiden, wenn Eure Liebe erkaltet und Ihr Euch mit der Zeit auseinanderlebt. Also investiere auch als junge Mama weiterhin Kraft, Zeit und Energie in die Beziehung zu Deinem Mann – selbst wenn Deine Emotionen Dich momentan mehr zu Deinem Kind hinziehen sollten. Denke daran: Wenn Du Gott und Deinen Ehepartner zuerst liebst, schenkst Du Deinem Kind das beste Fundament für sein Leben, das es gibt.

Intimität

Bei den meisten Frauen geht das Verlangen nach körperlicher Liebe nach der Geburt eines Kindes für einige Zeit zurück; die Hormonumstellung scheint ihren Teil dazu beizutragen. Geschlechtsverkehr ist auch zu Beginn der Wochenbettphase durch den Wochenfluss und eventuelle Geburtsverletzungen nicht möglich. Jeder Mann, der seine Frau liebt, wird Verständnis dafür haben.

Viele Frauen haben auch über die ersten Wochen und manchmal Monate hinaus kein besonderes Verlangen nach Intimität, weil sie allein durch die Versorgung des Babys emotional völlig ausgefüllt sind. Doch es wäre lieblos, Deinen Ehemann so lange Zeit mit unerfüllten Wünschen aus dem Haus gehen zu lassen, nur weil Du Dich emotional und körperlich noch nicht wieder nach ehelicher Sexualität sehnst. Auch wenn auf Deiner innerlichen To-do-Liste Zeit für Intimität vielleicht ganz unten steht – bei Deinem Partner wird es wahrscheinlich anders sein. »Einer trage des anderen Lasten« (Galater 6,2) gilt auch in dieser Situation.

Als erfahrene Ehefrau weißt Du, dass es auch andere Möglichkeiten als den Geschlechtsverkehr gibt, um Deinen Mann glücklich zu machen. Du liebst Deinen Mann, und so wirst Du Wege finden, ihm im sexuellen Bereich Gutes zu tun. Liebe kann empfangen, und Liebe liebt zu geben. Sei in dieser Zeit die Gebende, die Anschmiegsame, die Kuschelnde. Finde im Gespräch mit Deinem Mann heraus, was ihn glücklich machen könnte. Er liebt Dich und hat sicher für Deine Umstände größtes Verständnis.

Eine Bekannte sagte mir einmal, dass sie sich nicht sicher sei, ob ihre Ehe noch ein zweites Kind aushalte. Im Laufe des Gesprächs stellte sich heraus, dass sie die letzten Monate der Schwangerschaft und das ganze erste Lebensjahr des Kindes nicht mehr mit ihrem Mann geschlafen hatte oder sonst irgendwie intim mit ihm war. Kein Wunder, dass sich der Mann nicht gerade sehnlichst ein zweites Kind wünschte! Meine Freundin verspürte keinen besonderen Drang zur körperlichen Liebe und meinte, es sei ja nicht richtig, etwas vorzutäuschen, das nicht da sei. Aber ist es andersherum richtig, seinem Partner etwas Schönes vorzuenthalten, das man ihm aber geben könnte? Die Liebe sucht das Glück des anderen und nicht die eigene Bequemlichkeit.

Viele Paare aber erleben ihre Sexualität nach dem ersten Kind auch in einer neuen, schöneren Dimension. Vielleicht, weil man ein kleines bisschen mehr von dem Wunder versteht, dass durch das Einswerden mit dem geliebten Ehepartner tatsächlich neues Leben entstehen kann.

Zum Weiterdenken

Wie kann ich meinen Teil dazu beitragen, dass unsere Beziehung als Ehepaar unter der Ankunft unseres Babys nicht leidet, sondern vertieft wird?

Welche meiner Worte und Handlungen geben meinem Mann die Gewissheit, dass er noch immer der wichtigste Mensch in meinem Leben ist?

Wie kann ich meinem Mann verständnisvoll begegnen, wenn das Thema Sexualität im Moment für ihn einen höheren Stellenwert hat als für mich?

Anleitung

Große Themen wie Verantwortung, Prioritäten, Identität und viele mehr drängen sich nach der Geburt des ersten Kindes mit einer neuen Dringlichkeit ins Leben. Dazu kommen viele praktische Fragen. Wie gut, dass Gott in seiner Weisheit für diese Situation Vorkehrungen getroffen hat! In Titus 2 wird das Modell vorgestellt, dass die alten Frauen die jungen Frauen unterweisen sollen, »ihre Männer zu lieben, ihre Kinder zu lieben, besonnen, keusch, mit häuslichen Arbeiten beschäftigt, gütig [zu sein], sich den eigenen Männern unterzuordnen« (Titus 2,4-5).

Es ist für jede junge Mama schön, gleich gesinnte Freundinnen in derselben Lebenssituation zu haben, mit denen sie sich über die neuen Herausforderungen austauschen und gemeinsam Zeit verbringen kann. Auch die Kinder profitieren davon. Doch es kann auch ein ungesunder »Wettbewerb« entstehen: Welches Kind lernt zuerst laufen? Wer hat den modernsten Kinderwagen? Manchmal schleicht sich leider auch Neid in diese Beziehungen ein: »Meine Freundin sieht man die Schwangerschaft schon gar nicht mehr an, ich wiege immer noch mindestens sieben Kilo zu viel! Ihr Baby ist viel unkomplizierter, meins weint dauernd. Ihr Ehemann kann Elternzeit nehmen, bei uns ist das nicht möglich.«

Es ist daher wohltuend und horizonterweiternd, über die Freundschaft mit Gleichaltrigen hinaus Beziehungen zu älteren Schwestern zu haben, die mit einigen Jahren Abstand vieles gelassener sehen. Die Dir sagen: »Vor 5 Jahren (oder vor 10 oder 20 Jahren) war ich genau in derselben Situation wie Du jetzt. Ich kann mich noch so gut daran erinnern, wie …« Und die Dich dann teilhaben lassen an ihren Erfahrungen. Scheue Dich daher nicht, geistlich gesinnte Schwestern, die einen Schritt weiter sind als Du, mit Deinen Fragen zu löchern: »Wann hast Du ›Stille Zeit‹ gemacht? Wie versorgt man ein krankes Kind? Wie habt Ihr es geschafft, in der Babyphase Zeit als Ehepaar zu finden? Wie hast Du Deinen Kindern das Daumenlutschen abgewöhnt? Hast Du noch ein schnelles Sonntags-Rezept für mich? Was bedeutet Unterordnung? Welche Dinge würdest Du im Nachhinein anders machen?« Es ist noch kein Meister vom Himmel gefallen, und es ist ganz normal, dass man beim ersten Kind in vielem noch unsicher ist. Wie schade aber, wenn falscher Stolz ein Hindernis dafür ist, vom Rat und von der Erfahrung einer älteren Mutter zu profitieren!

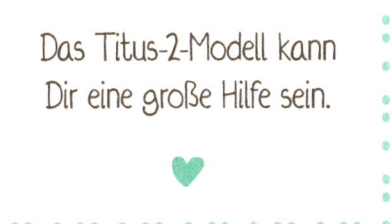

Das Titus-2-Modell kann
Dir eine große Hilfe sein.

Aufgaben verteilen

3

»… wenn sie […] die Frau eines
Mannes war, ein Zeugnis hat in guten
Werken, wenn sie Kinder auferzogen,
wenn sie Fremde beherbergt, wenn sie
der Heiligen Füße gewaschen, wenn sie
Bedrängten Hilfe geleistet hat, wenn sie
jedem guten Werk nachgegangen ist.«

1. Timotheus 5,9-10

Sicher hast Du es schon gemerkt: Mit der Ankunft eines Kindes ist eine ganze Reihe neuer Aufgaben zu erledigen: die Anschaffung der Erstausstattung, die Suche nach einem geeigneten Kindersitz und einem praktischen Kinderwagen, dann der scheinbar unaufhörliche Rhythmus von Füttern, Wickeln, Schlafen-legen, dazu die Organisation von Arztterminen und noch vieles andere mehr. Wer wischt alles auf, wenn das neue Sofa mit einer ordentlichen Ladung angedauter Milch bespuckt wurde? Wer flickt den platten Reifen des Kinderwagens? Und wer verpasst den lustigen Sketch auf der Hochzeit, weil draußen das weinende Baby geschuckelt werden muss? Geprägt vom eigenen Elternhaus, bringt jeder Erwartungen mit, wie diese Situationen bewältigt und die anfallenden Aufgaben zwischen den Ehepartnern aufgeteilt werden sollten.

Die Übermutter

Manche Frauen gehen so sehr in ihrem Muttersein auf, dass sie alles, was damit zu tun hat, selbst in die Hand nehmen wollen. Natürlich ist es normalerweise der Wunsch jeder Mutter, dass es ihrem Baby gut geht, sie will es beschützen und bestmöglich versorgen. Mehr als alle anderen Menschen spüren Mütter instinktiv, wie es ihrem Kind geht und was es braucht. So weit, so gut. Doch bei manchen Frauen geht diese natürliche, gottgegebene Mutterliebe so weit, dass das Baby völlig im Zentrum ihres Denkens steht und alle anderen Rollen – Ehefrau, Schwester, Tochter, Nachbarin, Freundin – völlig in den Hintergrund treten. Diesen Müttern wäre es am liebsten, wenn niemand anders als nur sie selbst ihr kostbares Kind anfassen dürfte. Denn die anderen machen ja alles falsch – besonders der Vater! Er unterstützt das Köpfchen beim Hochnehmen zu viel oder zu wenig, wickelt zu grob oder zu unsicher, weckt das Kind garantiert dann auf, wenn es schlafen soll, und hat doch eigentlich von dem ganzen Thema, in das sich die Mutter durch die Lektüre unzähliger Eltern-Zeitschriften und durch stundenlange Gespräche mit ihren Freundinnen bestens ein- gearbeitet hat, keinen blassen Schimmer. Seine Inkompetenz bekommt er dann auch durch ihre ständigen Korrekturen und ihr genervtes Augen- verdrehen deutlich zu spüren.

Männer, die so behandelt werden, überlassen ihrer Frau schnell das Feld und wenden sich anderen Themen zu. Vielleicht ist die Mutter zunächst auch glücklich, dass sie mit ihrem Baby alles so tun kann, wie sie es für richtig hält. Doch irgendwann wird bestimmt der Zeitpunkt kommen, wo sie am Ende ihrer Kraft ist und sich Unterstützung von ihrem Mann wünscht. Aber ob er jetzt zur Mithilfe bereit ist, wo ihm von Anfang an ver- mittelt wurde, dass er alles verkehrt macht, ist fraglich. Manche Frauen mit zerbrochenen Ehen beschweren sich bitter darüber, dass alles an ihnen hängt und ihr Mann sich um nichts kümmert. »Jetzt nach der Scheidung muss er wenigstens auch mal die Kin- der nehmen, und ich habe frei!« Manchmal geben diese Frauen zu, dass sie gerade in der Baby- und Kleinkindzeit ihren Mann nicht oder nur kaum einbezogen haben, weil sie meinten, alles besser zu machen.

Vielleicht ist das ständige Reden in der Ich-Form, das man unter Müttern oft beobachtet, ein Indiz dafür: »*Ich* habe jetzt entschieden, dass ich doch eine Tagesmutter für Nele organisiere und den Kitaplatz ablehne.« »*Ich* will so und so lange Elternzeit nehmen.« »*Ich* möchte nicht, dass mein Kind auf dem Spielplatz spielt, wo immer die Zigarettenkippen liegen.« »*Ich* muss unbedingt noch einen Buggy vor dem Sommer kaufen.« Immer nur *ich*. Wo bleibt denn der Mann? Werden diese Entscheidungen nicht gemeinsam als Ehepaar getroffen? Nicht immer hat die väterliche Abwesenheit ihre Ursache in dem Verhalten der Frau und kann natürlich auch nicht damit entschuldigt werden. Aber Väter, die von Beginn an außen vor sind, haben es später schwer, voranzugehen und Verantwortung für ihre Familie zu übernehmen. Doch gerade wenn die Kinder älter werden, wünschen sich die meisten Frauen nichts sehnlicher als das. Es ist also in Deinem eigenen Interesse, wenn Du Dein Baby nicht abschirmst, sondern Deinem Mann zeigst, dass Dir seine Meinung und sein Rat weiterhin wichtig sind. Wenn er etwas mit dem Baby macht, wird er es anders machen als Du. Vielleicht rauer, unmittelbarer und unvorsichtiger – männlicher eben. Aber das müssen wir Mütter, die wir meinen, alles besser zu können und zu wissen, auch aushalten können!

Die 50 %-Mutter

Zum Glück ist es heute für die meisten frischgebackenen Väter selbstverständlich, dass sie ihre Frau bei der Versorgung des Babys unterstützen. Ihnen ist es wichtig, so früh wie möglich eine eigene Beziehung zu ihrem Kind aufzubauen. Elternzeit und Co. schaffen auch die Rahmenbedingungen dafür, und es ist gesellschaftlich anerkannt und geradezu gefordert, dass sich Väter um ihre Babys kümmern. Diese Entwicklung sorgt aber dafür, dass manche Paare »auf der anderen Seite vom Pferd fallen« und denken, dass eine strikte 50 %-Aufteilung der Schlüssel zum Glück sein müsste.

Hast Du Dich bei dem Gedanken ertappt, im Geheimen eine Strichliste zu führen, wie oft jeder von Euch schon nachts aufgestanden ist? Oder das Kind gewickelt hat? Oder den Windelmüll rausgebracht hat? Das kann zeigen, dass Du vielleicht unbewusst von dem aktuellen Denkansatz einer »gerechten« Aufgabenteilung beeinflusst bist. Nicht selten führt diese Idee zu stundenlangen Diskussionen: »Ich bin diese Nacht aufgestanden, dann musst Du es in der nächsten machen.« »Nein, Du vergisst, dass ich noch eine Nacht frei habe, weil ich Deinen Teil der Bügelwäsche mitgemacht habe.« »Aber das war doch dafür, dass ich Tim am Mittwoch abgeholt habe.« »Nein, dafür hattest Du doch schon den Abend mit Deinen Freundinnen, und ich bin zu Hause geblieben.« »Aber das war doch eigentlich dafür, dass …«

Entspricht diese 50 %-Aufteilung dem biblischen Bild? Gott hat nur Dir als Mutter das Privileg gegeben, Dein Kind neun Monate zu tragen, es zu gebären und zu stillen. Solltest Du da nicht natürlicherweise die Hauptversorgerin des Babys sein? Das hat nichts mit Ungerechtigkeit oder Diskriminierung zu tun oder damit, dass Du nicht auch in der Lage wärest, Aufgaben außerhalb der Familie zu meistern. Und natürlich ist es richtig und wichtig, dass Dein Mann Dich in vielen praktischen Dingen unterstützt.

Aber wenn Ihr Euch gegen eine grundsätzliche Verteilung der anfallenden Aufgaben entscheidet und versucht, alle häuslichen Verpflichtungen gleich aufzuteilen, wird Euer Leben ziemlich kompliziert werden. Nur weil das heute viele Paare so machen, heißt es noch nicht, dass es auch gut ist. Wenn wir hier dem Zeitgeist folgen, verpassen wir nämlich die Chance, die Harmonie von Ehe und Familie, wie Gott sie sich ursprünglich gedacht hat, vor der Welt zu leben. Ein gläubiges Ehepaar bildet eine Einheit, auch wenn jeder unterschiedliche Aufgaben wahrnimmt. Für Gott sind Vater und Mutter nicht austauschbar, denn sie haben vom himmlischen Dirigenten verschiedene Rollen im wunderbaren Musikstück »Familie« zugewiesen bekommen. Und gerade diese Unterschiedlichkeit ermöglicht die Entstehung eines neuen, genialen Gesamtwerks.

> Für Gott sind Vater und Mutter nicht austauschbar, denn sie haben vom himmlischen Dirigenten verschiedene Rollen im wunderbaren Musikstück »Familie« zugewiesen bekommen.

Viele junge Mütter erwarten heute, dass der Papa möglichst immer beim Baden dabei ist, alle Impftermine im Kopf hat und natürlich auch einen Babybrei kochen kann. Einen Teil der Hausarbeit muss er selbstverständlich auch übernehmen, da die Frau ja den ganzen Tag mit dem Kind beschäftigt ist. Nachts aufstehen und das schreiende Baby beruhigen – das soll er natürlich genauso gut können wie sie. Oft berichten diese Mamas voller Stolz, welche häuslichen Pflichten sie schon alle ihrem Mann »beigebracht« haben oder welche Aufgaben sie noch nie übernehmen mussten. »Ich habe noch nie die Fläschchen gespült, das macht immer mein Mann!«, berichtete eine junge Mama zufrieden. »Meiner macht, seitdem wir Kinder haben, immer die Wäsche – gell, mein Bär?« Kein Wunder, dass viele junge Väter Familie als richtig anstrengend empfinden – zumal die finanziellen Bedürfnisse der Familie und die berufliche Belastung in dieser Lebensphase auch oft zunehmen.

Der eingespannte Mann

Häufig ist es gerade das ehrenamtliche Engagement in der Gemeinde, für das bei den Männern dann weniger Zeit und Kraft übrig bleibt. Wenn junge Mütter es als ihr selbstverständliches Recht betrachten, dass sie 50 % der Gemeindestunden besuchen können, und der Papa dann mit dem Kind zu Hause oder im Babyraum ist, wird das in den Gemeinden nicht ohne Auswirkung bleiben. Natürlich sei es jeder jungen Mama vergönnt, dass sie auch mal eine Predigt ohne Kind auf dem Schoß anhören oder abends alleine den Hauskreis oder die Bibelstunde besuchen kann. Ein liebevoller Mann, der um das geistliche Leben seiner Frau besorgt ist, wird ihr das sicher ermöglichen. Aber denke daran, dass die Bibel an vielen Stellen betont, dass Dein Mann in den Gemeindestunden eine aktivere Rolle hat als Du. Und die meisten Männer können sich einfach nur schwer konzentrieren und sich aktiv am Gottesdienst beteiligen, wenn sie ein kleines Kind neben sich sitzen haben, dem sie alle paar Minuten ein Stück Zwieback in den Mund stecken müssen oder dessen Bilderbuch dauernd hinunterfällt. Wenn Du möchtest, dass Dein Mann eine

»Säule« in der Gemeinde wird, gehört auch dazu, dass Du ihm dafür den Rücken freihältst und ihm kein ständiges Multitasking abverlangst.

Als Teenager hörte ich in einer Predigt das Beispiel eines jungen Mannes, der sich als Single sehr für Gott eingesetzt hatte. Inzwischen war er verheiratet und Vater geworden. Leider war von seinem geistlichen Eifer nicht mehr viel übrig geblieben: Obwohl er sich früher in seiner Gemeinde in verschiedenen Diensten vorbildlich eingebracht hatte, hörte man jetzt nicht mehr viel von ihm. Eine der wenigen Ausnahmen war, als er sich vehement dafür einsetzte, dass in der Kleinkinderbetreuung während des Gottesdienstes spezielle Öko-Buntstifte benutzt werden sollten: Die kleinen Kinder steckten sie häufig in den Mund und sollten keinen Schaden erleiden. Weiter ging der Horizont dieses Bruders leider nicht mehr!

> Wenn Du möchtest, dass Dein Mann eine »Säule« in der Gemeinde wird, gehört auch dazu, dass Du ihm dafür den Rücken freihältst.

An einer traurigen Entwicklung wie dieser hat die Ehefrau sicher einen großen Anteil. Wenn Du einen engagierten und hingegebenen jungen Bruder geheiratet hast, dann liegt es auch in Deiner Verantwortung, dass sein geistliches Potenzial nicht verkümmert und er weiter Gott dienen kann. Natürlich wird sich sein Einsatz verändern, weil er jetzt nicht mehr allein im Leben steht, sondern Ehemann und Vater ist. Aber es wäre selbstsüchtig und zu kurz gedacht von Dir, Deinen Mann nur für Dich und Deine Kinder haben zu wollen. Gib ihn frei für den Dienst, zu dem Gott ihn beruft. Und das ist sicher mehr, als sich nur um kindersichere Buntstifte in der Gemeinde zu bemühen oder mit dem Baby draußen im Babyraum zu sitzen!

Natürlich ist die Frage herausfordernd, wie für junge Eltern das Verhältnis und die Gewichtung zwischen Aufgaben in der Gemeinde und in der Familie aussehen soll. Für uns als Paar war das immer wieder ein Gebetsanliegen, und wir haben in diesem Bereich auch Fehler gemacht. Es gibt hier keine Patentlösung, zumal die Belastbarkeit von uns Menschen unterschiedlich ist. Paare meiner Generation haben oft ihre Eltern im Blick, wo die Väter eher wenig mit ihren kleinen Kindern zu tun hatten, und wollen es nun bewusst anders machen. Es ist aber wichtig, sich nicht negativ zu definieren. Statt zu sagen: »So wollen wir es auf keinen Fall machen!«, wäre es besser, über der Frage zu beten: »Wie wollen wir es denn machen?«, und als Paar einen biblisch begründeten Weg zu finden. Und die Bibel zeigt einfach deutlich, dass der Mann in der Gemeinde eine besondere Aufgabe hat, während bei der Frau mehr der Dienst im häuslichen Umfeld betont wird (z. B. 1. Timotheus 5,9-10 und 14-15, Titus 2,4-5 und Sprüche 31,10-31).

Zu Hause die Stellung halten

Ich staune immer wieder über Frauen, die in der jungen Familienphase (die ja oft mit einem entscheidenden Zeitabschnitt im Dienst ihres Mannes zusammenfällt) bewusst ihren Partnern den Rücken freihalten, damit diese sich im Reich Gottes einsetzen können. Viele Frauen aus der Generation meiner Eltern und Großeltern haben da Großartiges geleistet. Ihre Männer, die unzählige Stunden in das Studium der Bibel investiert, Bücher geschrieben, Gemeinden gegründet, Freizeitheime geleitet und vieles mehr getan haben, hätten nie diese Wirksamkeit entfalten können, wenn ihre Frauen von ihnen erwartet hätten, dass sie auch noch Meister im Fläschchenkochen und Experten in Babyhautpflege sind!

Das bedeutet sicher nicht, dass ein Mann seiner Frau nicht im anstrengenden Babyalltag helfen könnte und auch sollte. Ich bin sehr dankbar, dass ich meinem Mann immer sagen konnte, wenn ich Hilfe brauchte. Er ist dann gerne nachts aufgestanden oder hat am Wochenende nachmittags die ganze Kinderschar für einen Spielplatzausflug eingepackt. Es ist wichtig, dass der Mann seiner Frau unter die Arme greift. Er ist ja das Haupt der Familie und muss auch wissen, was die momentanen Herausforderungen sind. Man kann kein guter Leiter sein, wenn man nicht weiß, was zu Hause los ist. Aber ich sehe doch als Frau meine Hauptaufgabe darin, in unserem Heim alles so zu organisieren, dass mein Mann seinen Kopf für seinen Beruf und die Gemeinde so frei wie möglich haben kann.

In einem Buch einer ungläubigen Autorin habe ich gelesen, dass sich Männer während der ganzen Menschheitsgeschichte nie über einen längeren Zeitraum um Babys und Kleinkinder gekümmert haben – das war immer Aufgabe der Frauen. Anscheinend sind Frauen von ihrer emotionalen und körperlichen Ausstattung her einfach besser in der Lage dazu, meint sie. An dieser Feststellung ist sicher etwas Wahres. Sei nicht beleidigt, wenn Dein Mann signalisiert, dass er froh ist, wenn sein Urlaub, den er sich nach der Entbindung genommen hat, vorbei ist. Zwischen Spucktüchern, Babygeschrei und einer müden Frau fühlen sich nicht alle Männer wohl. Das hat nichts damit zu tun, dass er Dich und Euer Kind nicht lieben würde. Er ist einfach auf etwas anderes hin angelegt und genießt es in der Regel, wenn er sich um die vielen Detailfragen rund um Haushalt und Kinder keine Gedanken machen braucht. Das kann er tun, wenn er diese Dinge bei Dir in guten Händen weiß. »Das Herz ihres Mannes vertraut auf sie, und an Ausbeute wird es ihm nicht fehlen« (Sprüche 31,11). Nimm Deine Berufung als Mutter an – selbst wenn es Dir nicht leichtfällt. Das bedeutet nicht, dass Du nie mehr im Leben Deinem Beruf nachgehen könntest oder absolut keine Zeit mehr für andere Dinge hättest. Aber dass es Deinem Mann und Deinen Kindern gut geht und der Haushalt rundläuft, ist nun Deine erste Verantwortung vor allen anderen Wünschen und Träumen.

Neben den Aufgaben zu Hause wird es für eine Frau immer Möglichkeiten geben, sich auch in anderen Bereichen zu engagieren. Aber es darf nicht sein, dass wir uns darüber definieren, was wir »außer den Kindern noch alles schaffen«, oder ein Wettlauf unter gläubigen jungen Müttern entsteht, was man über die normalen Aufgaben in der Familie hinaus noch alles auf die Reihe bekommt. Denn das ist je nach persönlicher Konstitution, Lebensumfeld und Charakter der Kinder einfach unterschiedlich. Eine junge Mutter hat ihre Eltern zur Unterstützung in der Nähe, die andere nicht, der eine Ehemann ist beruflich sehr gefordert, der andere kommt tiefenentspannt um 16 Uhr von der Arbeit, die eine Familie wohnt in einer unpraktischen Wohnung im vierten Stock, die andere im Erdgeschoss, eine Mama hat ein unkompliziertes Baby, die andere eins, das häufiger krank ist. Ver-gleiche mit anderen können nur zum Frust führen! Versuche stattdessen, Dich auf Deine eigenen Prioritäten zu konzentrieren. Wenn zu Hause alles rundläuft, ist es schön, wenn Du Deine Kraft in weitere Dienste investieren kannst. Wenn aber Deine primären Aufgaben Dich im Moment ganz ausfüllen, kannst Du auch ohne schlechtes Gewissen »Nein« zu anderen An-fragen sagen.

> »Eine tüchtige Frau, wer wird sie finden? Denn ihr Wert steht weit über Korallen. Das Herz ihres Mannes ver-traut auf sie, und an Ausbeute wird es ihm nicht fehlen.«
> Sprüche 31,10-11

Ich erinnere mich an eine Situation, wo ich nach dem Früh-stück unter unserem Küchentisch hockte und versuchte, einge-trocknete Cornflakes vom Boden zu entfernen. Beim Aufstehen stieß ich mir ordentlich den Kopf, und zu dem Schmerz kam auf einmal das Selbstmitleid: »Ich habe so viele Jahre in meine Aus-bildung investiert, die Welt brennt, und für mich gibt es nichts Besseres zu tun, als unterm Tisch zu sitzen und den Boden zu schrubben!« Ich glaube, die allermeisten Mütter kennen diese Frustmomente. Auch wenn Du manchmal zwischen Windeln und Wäsche verzweifelst, lass Dich nicht unterkriegen. Irgend-wann ist diese Zeit vorbei, und es wird wieder Freiräume für an-dere Aufgaben geben. Und Du brauchst auch jetzt sicher nicht den ganzen Tag nur den Boden zu schrubben! Doch bei allen Aktivitäten, die nebenher möglich sind, sollte Dein Arbeitsschwerpunkt zu Hause liegen. Als Mutter bist Du in der Erziehung einer neuen Generation von Nachfolgern Jesu einfach unersetzbar. Diese wichtigen, die Zukunft gestaltenden Menschen sind nun einmal zuerst kleine Babys – und wir Mütter dürfen sie in dieser frühen Zeit versorgen und prägen. Eigentlich doch eine wunderbare Aufgabe, oder?

Zum Weiterdenken

Erwarte ich immer, dass mein Mann mir bei meinen Aufgaben zu Hause hilft, statt zu sehen, dass ich zuerst als Hilfe für ihn geschaffen wurde?

Wo spanne ich meinen Mann unnötigerweise ein, statt ihm Freiräume im Dienst für Gott zu ermöglichen?

Bin ich bereit, mich während der Gemeindestunden um das Baby zu kümmern, damit mein Mann sich aktiv am Gottesdienst beteiligen kann?

Struktur

4

»Alles hat seine bestimmte Zeit,
und jedes Vorhaben unter dem
Himmel hat seine Zeit.«

Prediger 3,1

Struktur als Grundelement des Lebens

Es ist ein herrlicher Frühlingstag. Die Forsythien beginnen zu blühen, und es ist an der Zeit, die Rosen zurückzuschneiden. Die Sonne folgt ihrer vorgeschriebenen Umlaufbahn, bis zu ihrem Untergang sind es noch genau fünfeinhalb Stunden Zeit. Ordnung und Struktur. Es gibt viele Dinge, die jedes Jahr, jeden Tag gleich ablaufen und absolut verlässlich sind. »Fortan, alle Tage der Erde, sollen nicht aufhören Saat und Ernte, Frost und Hitze, Sommer und Winter, Tag und Nacht« (1. Mose 8,22). Gott hat uns Menschen in eine vorstrukturierte Welt hineingesetzt. Wachen und schlafen, Hunger bekommen und essen, arbeiten und ausruhen. Ich kenne einen jungen Mann, der durch verschiedene Umstände in seinem Leben jeden geregelten Tagesablauf verloren hat. Er schläft, wann er will, steht auf, wann er will, isst, wann er will, und arbeitet, wann er will (also fast nie). Ich kenne kaum einen ärmeren Menschen als ihn! Emotional, körperlich und geistig verarmt er völlig. Struktur und Ordnung sind keine Zwangsjacke, sondern ein göttliches Prinzip, ein natürlicher Rahmen, der menschliche Produktivität und Kreativität erst ermöglicht. Gleichzeitig hat Gott die Struktur unserer Welt so geschaffen, dass es bei aller Ordnung individuellen Spielraum gibt. In einem Jahr lässt der Frühling scheinbar endlos lange auf sich warten, im nächsten Jahr schieben die Krokusse schon Ende Januar ihre Spitzen aus dem Boden. Es gibt Struktur und Ordnung, aber gleichzeitig keine Langweile, sondern Abwechslung, Anpassungsmöglichkeiten und Freiraum.

Komischerweise denken heute viele, dass dieses Grundelement des Lebens nicht für die ersten Lebensmonate des Menschen gelten würde. Ein Baby sollte immer dann schlafen, wenn es müde ist, immer dann trinken, wenn es Hunger hat, immer dann schreien dürfen, wenn es nun mal schreien möchte. Tag und Nacht verschmelzen zu einer Art »Einheitsbrei«, in dem für das Baby alle Aktivitäten zu jedem Zeitpunkt möglich sind. Aber dieser Ansatz verkennt, dass wir Menschen Geschöpfe sind, die auf eine Ordnung hin angelegt sind.

> Es ist gut zu wissen, was die Ausnahme und was die Regel ist.

»Das klingt so hart, so nach Stoppuhr, so unflexibel!«, magst Du sagen. Es stimmt: Ein Mensch sollte nicht minutengetaktet funktionieren müssen wie der Betrieb auf einem Hauptbahnhof. Strukturen müssen elastisch sein. Unsere Welt braucht nicht gleich zusammenbrechen, wenn ein gewohnter Ablauf einmal verändert wird. So meldet sich bei den meisten Menschen gegen ein Uhr mittags der Magen, aber keiner muss verhungern, wenn mal ein Mittagessen ausfällt. Die meisten Erwachsenen sind am fittesten, wenn sie nachts acht Stunden geschlafen haben, aber es gibt Tage, an denen wir auch mit weniger Schlaf auskommen müssen und können. Das sind Freiräume innerhalb einer Ordnung – so, wie die Krokusse manchmal schon im Januar herauskommen. Aber es ist trotzdem gut zu wissen, was die Ausnahme und was die Regel ist.

Struktur im Leben eines Babys

Schon im Mutterleib gab es eine Art von Struktur, vorgegeben durch den Wach-Schlaf-Rhythmus und die Hauptmahlzeiten der Mutter. Ein Baby wird nicht ohne Grundmuster geboren, allerdings kommt es nun in eine Welt mit vielen neuen Abläufen. Je eher es lernt, sich den Strukturen der Umgebung, in die es hineingeboren wurde, anzupassen, desto besser. In erster Linie für das Baby selbst, aber auch für die Menschen um es herum. Diese Anpassung muss nicht sklavisch erfolgen. Niemand würde mit einer Stoppuhr neben seinem schreienden Baby stehen und warten, bis es in acht Minuten und 44 Sekunden wieder zum Stillen angelegt werden darf. Es gab Zeiten in der Geschichte, in der die Frauen ihr Baby nach einem sehr starren Zeitplan versorgen sollten, von dem keine Abweichung geduldet wurde. Ich glaube nicht, dass das kinderfreundlich war. Aber heute geraten wir ins andere Extrem, wenn wir meinen, dass ein Baby am besten alles selber bestimmen sollte und jeder vorgegebene Rhythmus unpassend sei. Eine Grundordnung im Tagesablauf, in den Mahlzeiten und den Wach- und Schlafphasen ist absolut physiologisch für einen Säugling – genauso wie für jeden anderen Menschen auch. »Kinder mit einem geordneten, steten Schlaf-Wach-Rhythmus sind aufmerksamer, interessieren sich mehr für ihre Umwelt, schreien weniger und sind zufriedener als Kinder, die einen unregelmäßigen Rhythmus haben. Ein geordneter, steter Tagesablauf vermittelt dem Kind auch Geborgenheit. Die Regelmäßigkeit hilft ihm, mit dem Tagesablauf rascher vertraut zu werden, was sich wiederum positiv auf sein Wohlbefinden und sein Selbstwertgefühl auswirkt«, fasst der Schweizer Kinderarzt Remo H. Largo in seinem Klassiker »Babyjahre. Entwicklung und Erziehung in den ersten vier Jahren« zusammen.[4]

Während meiner Ausbildung zur Kinderkrankenschwester war ich viele Monate auf einer Früh- und Neugeborenen-Station eingesetzt. Die Babys dort waren krank oder so früh geboren, dass sie eine intensivmedizinische Betreuung brauchten. Auf keiner anderen Station war der Ablauf so vorhersehbar wie auf dieser! Das kam daher, dass die kleinen Patienten nach einem festen Essensplan versorgt wurden. Die kleinsten Frühgeborenen (die sogenannten »Zwölfer«) alle zwei Stunden, sie bekamen also in 24 Stunden zwölf Mahlzeiten, meist über eine Magensonde. Das war fast wie die permanente Versorgung im Mutterleib – wo sie ja eigentlich auch noch hingehörten. Wenn diese kleinen, kostbaren Wesen etwas schwerer wurden und größere Nahrungsmengen auf einmal aufnehmen konnten, kamen sie in die Gruppe der »Achter«. Diese Babys bekamen acht Mahlzeiten in 24 Stunden. Dann gab es die Gruppe der »Sechser«, das war die Mehrheit der Babys. Die jeweiligen Versorgungszeiten hingen überall groß in den Zimmern und waren die Dreh- und Angelpunkte des ganzen Stationsablaufs. Einige wenige Babys (keine Frühgeborenen, sondern Neugeborene, die zuerst zu Hause waren und dann wegen einer Erkrankung oder zur Abklärung wieder zurück ins Krankenhaus mussten), waren auf »feeding on demand« gesetzt, das heißt, sie wurden dann versorgt, wenn sie sich meldeten. Diese Kinder waren bei den Schwestern die unbeliebtesten, weil sie na-

· ·

4   Largo, Remo H.: *Babyjahre. Entwicklung und Erziehung in den ersten vier Jahren*, München 2011 (5. Auflage), S. 203-204.

türlich am anstrengendsten waren! Der Einfachheit halber wurden ihre Mahlzeiten in der Regel den Versorgungszeiten der Sechser angepasst. Da es auf dieser Station nicht möglich war, dass die Mütter nachts bei ihren Kindern blieben, und die Nachtschicht nicht so gut besetzt war, dass sie in der Lage gewesen wäre, dreißig schreiende Babys zu versorgen, war es notwendig, dass die Kinder nachts schliefen – zumindest die Mehrheit. Das klappte auch. Und die Mütter waren sehr dankbar, wenn sie irgendwann ihr gesund gewordenes, aber auch »gut strukturiertes« Baby mit nach Hause nehmen konnten.

Kinder mit einem geordneten, steten Schlaf-Wach-Rhythmus sind aufmerksamer, interessieren sich mehr für ihre Umwelt, schreien weniger und sind zufriedener.

In einer gewissen Weise unterscheidet sich im Krankenhaus der Tag nicht von der Nacht: Es ist immer hell, die Infusionen laufen über 24 Stunden, es kann zu jeder Zeit Notfälle und Neuaufnahmen geben. Aber in der Entwicklung der Pädiatrie hat sich gezeigt, dass besonders die Frühgeborenen einen Rhythmus und feste Ruhephasen brauchen. Deshalb wird heute großer Wert darauf gelegt, dass die Nacht so sehr Nacht sein kann, wie es eben geht: Es gibt ein weiches Nachtlicht, das eingeschaltet wird, die Inkubatoren werden während der Schlafphasen zusätzlich abgedeckt, und alle bemühen sich, möglichst leise zu sein und sich nur gedämpft zu unterhalten. Die Kleinen werden während der Nachtmahlzeiten nicht geweckt, sondern bekommen ihre Mahlzeiten komplett über die Nasensonde verabreicht (tagsüber sollen sie in kleinen Mengen das Trinken üben). Nächtliches Baden und unnötiges Wickeln sind verboten.

Diese Beschreibung klingt vielleicht nach einer kalten, unfreundlichen, planmäßigen Versorgung. Natürlich war es in gewisser Weise kalt – immerhin eine Station, in der manche der schwer kranken Kinder umgeben von allerhand technischen Geräten mit dem Tod rangen. Eine Krankenhausstation ist nicht die normale, wünschenswerte Umgebung für ein Baby. Aber dort wurde mir klar, wie wichtig Rhythmus ist – für die kleinen Frühgeborenen ist er sogar überlebensnotwendig. Sie brauchen ihre regelmäßigen Mahlzeiten und die dazwischenliegenden Ruhephasen, sonst können sie sich nicht gesund entwickeln und wachsen.

> Ein gesunder Rhythmus ist etwas sehr Wichtiges, und Dein Baby wird ihn nicht unbedingt von alleine entwickeln.

Es wäre ein schwerer Fehler, ihnen diesen Rhythmus vorzuenthalten oder selbst bestimmen zu lassen.

In gewisser Weise gelten diese Prinzipien auch für jedes gesunde Neugeborene. Auch seine körperliche und emotionale Entwicklung profitiert von festen Schlafphasen und einem Rhythmus in der Nahrungsaufnahme (auch wenn hier natürlich mehr Flexibilität möglich ist als bei einem Frühgeborenen). Tag ist Tag, Nacht ist Nacht, Essen ist Essen und Schlafen ist Schlafen. Sehr einfach, aber für viele junge Eltern heute nicht selbstverständlich. Es gibt keinen vernünftigen Grund, warum man mit seinem Kind nachts spielen müsste, es um 22 Uhr badet oder es tagsüber fünf Stunden am Stück schlafen lässt. Ein gesunder Rhythmus ist etwas sehr Wichtiges, und Dein Baby wird ihn nicht unbedingt von alleine entwickeln. Es gibt zwar Neugeborene, die rein nach Bedarf versorgt werden und tatsächlich von alleine zügig zu einem Vier-Stunden-Rhythmus finden und mit sechs Wochen das erste Mal durchschlafen. Aber so ein Kind ist wie ein Lottogewinn! Wenn Du Dein Baby selbst seinen Rhythmus bestimmen lässt, ist es viel wahrscheinlicher, dass es viele Wochen und Monate brauchen wird, bis es überhaupt einen findet. Vielleicht schläft es nachmittags vier Stunden am Stück und meldet sich dafür nachts jede Stunde. Es benötigt einfach Deine Hilfe als Mutter für die Strukturierung seines Tages. Ich kenne viele Babys, die mit acht Wochen durchgeschlafen haben – aber es war keins dabei, das nicht elterngelenkt versorgt worden wäre. Und alle Freundinnen von mir, deren Kind mit einem halben Jahr noch mehrere Male nachts aufgewacht ist, haben es nicht nach einem Plan versorgt. Sie meinten, dass es besser wäre, das Baby selbst entscheiden zu lassen, wann es trinken und wann es schlafen will. Welche Mütter und welche Kinder entspannter waren, kannst Du Dir denken!

Es gibt natürlich pflegeleichtere und schwierigere Babys – solche, die sich schneller, und solche, die sich langsamer an eine Tagesstruktur gewöhnen. Jede Mutter, die mehrere Kinder hat, wird Dir bestätigen, dass die Babyzeit bei jedem ihrer Kinder unterschiedlich war, auch wenn sie alle nach den gleichen Prinzipien versorgt hat. Ein Baby schreit mehr als ein anderes, hat mehr Blähungen, lässt sich leichter aus der Ruhe bringen, hat einen unruhigeren Schlaf. Eines hat etwas früher durchgeschlafen und eines etwas später. Es ist nicht so, dass ein bestimmter Plan einen bestimmten Erfolg garantiert. Menschen sind unterschiedlich und Babys auch. Aber grob gesagt, hast Du als Mutter die Wahl, was Du möchtest: Wenn Du Dein Kind tagsüber nach einem Drei- bis-vier-Stunden-Rhythmus versorgst und die Nacht so sehr Nacht sein lässt, wie es geht, wird es – aller Wahrscheinlichkeit nach – mit sechs bis acht Wochen beginnen, durchzuschlafen, und tagsüber feste, vorhersehbare Schlafphasen haben. Wenn Du Deinem Baby immer dann zu trinken gibst, wenn es weint, und ihm nachts genauso wie tagsüber »Brot und Spiele« bietest, wird es – aller Wahrscheinlichkeit nach – viele Monate lang die Nacht zum Tag und damit das erste Lebensjahr ziemlich anstrengend für Dich machen. Letztendlich kannst Du Dir selbst aussuchen, was Dir lieber ist.

Warum fällt es heute vielen frischgebackenen Eltern so schwer, den Schlaf-und-Still-Rhythmus ihrer Kinder zu lenken? Vielleicht ist der tiefere Grund ein mehr vom Zeitgeist als von der Bibel beeinflusstes Verständnis von Elternschaft. Als Christen erkennen wir an, dass Gott uns Eltern die Aufgabe gegeben hat, unsere Kinder anzuleiten und ihnen voranzugehen. Natürlich beobachten wir dabei unsere Kinder und nehmen ihre Bedürfnisse ernst, aber sie stehen nicht mit uns auf einer Ebene. Wir lernen sicher auch einiges von ihnen, aber grundsätzlich sind wir ihre Autoritätspersonen und nicht andersherum. Das hat nichts damit zu tun, dass wir uns selber für fehlerlos halten, vielmehr wissen wir uns selbst von Gottes Gnade abhängig. Wir sind auch nicht die letzte Instanz, sondern Nachfolger Jesu. Aber es wäre eine falsche Demut, nicht die Rolle anzunehmen, die Gott uns zutraut, nämlich unseren Kindern voranzugehen und ihnen die Dinge vorzugeben, von denen wir wissen, dass sie wichtig sind.

»Was? Du hast schon Familie? Ich fühle mich noch lange nicht reif dazu, Mutter zu sein!«, schrieb mir einmal eine ehemalige Klassenkameradin. Sie war zu diesem Zeitpunkt 28 Jahre alt, hatte ein abgeschlossenes Studium und einige Zeit in den USA gearbeitet. Warum sind so viele Frauen in diesem Alter bereit für alle möglichen Herausforderungen, die das Leben zu bieten hat, aber nicht zur Mutterschaft? Gott hätte es ja auch so machen können, dass der Mensch viel später, wenn er klüger und erfahrener geworden ist, das erste Mal Nachwuchs bekommt – vielleicht mit 50 Jahren. Aber erstaunlicherweise ist die Frau von ihrem Körper her darauf angelegt, in viel jüngeren Jahren Mutter zu werden. Wenn Gott Dir also zwischen 20 und 30 Jahren die Aufgabe zutraut, Mutter zu werden, dann wird er Dich auch mit dem ausrüsten, was Du dazu brauchst – selbst wenn Du Dich noch nicht reif dafür fühlen magst (wann ist ein Mensch das schon?). Also sei mutig genug, Deinem Kind voranzugehen und ihm zu zeigen, wie das Leben funktioniert. Und ein kleiner, aber wichtiger Anfang ist es, dem Baby behutsam beizubringen, wann es sinnvoll ist zu schlafen und wann es sinnvoll ist zu essen.

> Wenn Gott Dir also zwischen 20 und 30 Jahren die Aufgabe zutraut, Mutter zu werden, dann wird er Dich auch mit dem ausrüsten, was Du dazu brauchst.

Der Ansatz, dass man möglichst wenig lenkend in den Rhythmus seines Säuglings eingreifen sollte, ist oft auf die Vorstellung zurückzuführen, dass das Kind im Prinzip gut sei und sich deshalb auch von alleine zum Guten entwickeln würde. Doch dies ist mit dem biblischen Menschenbild nicht vereinbar. Im Kapitel über Erziehung werden wir weiter darüber nachdenken, was dies für den Umgang mit unseren kleinen Kindern bedeutet.

Wenn es nicht auf die Minute klappt

»Es ist unmöglich, einen Rhythmus zu haben. Ich bin selbst nicht so ein strukturierter Typ, deswegen bekomme ich das nie pünktlich hin!«, jammern manche Mütter. Aber es ist gar nicht schlimm, wenn es nicht »genau auf die Minute« klappt. Das ist im Krankenhaus auch nicht der Fall. Wir Schülerinnen bekamen je nach Ausbildungsstand ein bis drei Kinder zugeteilt, die examinierten Schwestern hatten oft fünf kleine Patienten zu pflegen (natürlich waren auch manchmal Mütter da, die ihre Kinder selbst wickeln und stillen konnten). Wenn man nun um 9 Uhr drei Kinder zu versorgen hatte, dann hatten diese Kinder natürlich nicht alle um Punkt 9 Uhr ihre Flasche im Mund. Was hat man gemacht? Einfach das, was in der jeweiligen Situation am sinnvollsten war. »Ach, das eine Baby rekelt sich schon, obwohl es erst 20 Minuten vor 9 Uhr ist. Das könnte ich nun schon mal wickeln und wiegen, bevor die Mutter gleich zum Stillen kommt. Das Frühgeborene muss natürlich möglichst pünktlich versorgt werden. Hoffentlich schaffe ich das, bevor die Visite ins Zimmer kommt. O nein, jetzt wacht das dritte Kind auch schon auf. Aber vielleicht ist eine Praktikantin in der Nähe, die es noch etwas herumtragen kann, bis ich der Mutter von dem ersten Kind gezeigt habe, wie sie ihr Baby anlegen muss. Und natürlich will ich auch um 10 Uhr mit der Runde durch sein, damit ich meine Pause machen kann!«

Bestimmt kennst Du ähnliche Situationen aus Deinem Alltag – besonders, wenn bereits Geschwisterkinder da sind. Wäre Dein Baby um 12 Uhr wieder mit Stillen dran, aber um 12:15 Uhr muss die Große aus dem Kindergarten abgeholt werden? Und die kleine Schwester sitzt noch auf dem Töpfchen? Und das Telefon klingelt? Was machst Du jetzt? Schicke ein Gebet nach oben und tue einfach in aller Ruhe das, was in diesem Moment das Sinnvollste ist. Mal wird das Baby warten müssen, mal das Kleinkind. Wichtig ist, dass Du nachher Deine Pause machen kannst – das meine ich ernst!

Einen Rhythmus zu haben, bedeutet nicht, sich sklavisch an etwas zu binden und dann die ganze Sache frustriert über Bord zu werfen, weil sie ja doch nicht funktioniert. Oder das ganze Leben der Familie so eng um die Zeiten des kleinen Erdenbürgers herum zu organisieren, als wäre seine Stillmahlzeit das Zentrum des Weltgeschehens. Nach dem Motto: »Die ganze Familie muss Punkt 12:30 Uhr die Gemeinde verlassen, damit Mama auch ja genau um 13 Uhr zu Hause in Ruhe stillen kann!« Es ist schade, wenn eine junge Familie bei vielen schönen Aktivitäten nicht dabei ist, nur weil sonst vielleicht ein Kind

> Schicke ein Gebet nach oben und tue einfach in aller Ruhe das, was in diesem Moment das Sinnvollste ist.

nicht wie gewohnt um genau 18:30 Uhr sein Abendbrot bekommt oder mal ein Mittagsschlaf etwas nach hinten verschoben werden muss. Wir sind nicht auf dem minutengetakteten Hauptbahnhof! Aber Rhythmus bedeutet sehr wohl, ein Grundmuster im Kopf zu haben, zu wissen, wann was »dran« ist, und dieses Muster dann der Realität mit allen ihren unvorhersehbaren Zwischenfällen anzupassen.

Bewahrt einen ein vernünftiger Rhythmus vor allem Stress und jeder Überforderung? Das ist ganz sicher nicht der Fall. Als ich mehrere kleine Kinder hatte, gab es bei mir Momente, in denen alles schieflief und ich wirklich nicht wusste, was ich zuerst tun sollte. Es gibt unvorhergesehene Ereignisse, die auch den besten Plan völlig über den Haufen werfen. Doch auch wenn Du Zeiten erlebst, in denen alles drunter und drüber geht, kannst Du immer wieder zu Deiner Grundordnung zurückkehren – vorausgesetzt, dass Du sie Dir von Anfang an vorgenommen und eingeübt hast. Eine Struktur wird Dich nicht davor bewahren, dass es mal schwierige Tage gibt, aber sie ist doch eine große Hilfe, nicht über längere Zeiträume »am Schwimmen« oder absolut am Ende der eigenen Kräfte zu sein. In den Kapiteln über »Schlafen« und »Ernährung« werden wir weiter darüber nachdenken, wie dieses Grundmuster praktisch aussehen kann.

Zum Weiterdenken

Wo fällt es mir schwer, meinem Kind Dinge vorzugeben, von denen ich weiß, dass sie wichtig sind?

Bin ich davon überzeugt, dass sich mein Baby grundsätzlich in das Leben meiner Familie einfügen muss — oder meine ich, dass sich alles um das Kind drehen sollte?

Inwiefern kann ich mich für meine Aufgaben als Mutter von größeren Kindern schon jetzt schulen lassen, indem ich meinen Tagen in der Babyzeit eine sinnvolle Struktur gebe?

Struktur im Tagesablauf

Dröhnende Musik, ein laufender Fernseher, lautstarkes Zanken der Eltern, Zigarettenqualm und Anschreien der Geschwisterkinder gehören nicht in die Umgebung eines Säuglings. Ich finde es bezeichnend, dass man sich rechtfertigen muss, wenn man sein Baby einmal kontrolliert weinen lässt und ihm nicht gleich die Brust gibt, aber dass diese wirklich negativen Dinge in vielen Haushalten mit einem Säugling toleriert werden. Was für ein Segen, wenn stattdessen in der Umgebung eines Babys laut gebetet wird, Loblieder gesungen werden und es die Freundlichkeit und den Frieden einer christlichen Familie genießen kann! Es sollte ein Umfeld sein, in dem das Baby seinen besonderen Platz findet, aber auch die anderen Familienmitglieder ihre Freiräume haben. Um dies zu ermöglichen, ist es hilfreich, wenn Du Dir beim ersten Kind eine Grundstruktur Deines Tages überlegst und diese nicht primär vom Kind bestimmen lässt. Wenn Du den ganzen Tag im Jogginganzug herumläufst und nur das tust, was das Baby gerade einfordert, wird das weder für Dich noch für Dein Kind ein gewinnbringender und befriedigender Alltag sein.

Welche Aktivitäten gehören in jeden einzelnen Tag? Sicherlich die Mahlzeiten und die Schlafphasen für das Kind, die Mahlzeiten für Dich und Deine Familie, Zeit für ein paar Gymnastikübungen zur Rückbildung am Morgen, eine Zeit, in der Du Dich ausruhen kannst (Mittagsschlaf ist eine wunderbare Erfindung für Mütter!), die »Stille Zeit« und ein regelmäßiger Spaziergang an der frischen Luft – der tut der Mutter gut (besonders auch bei Stimmungsschwankungen im Wochenbett) und dem Säugling ebenfalls. Außerdem geht die Hausarbeit weiter, denn ein Baby ist kein Grund, die Wohnung verkommen zu lassen oder sich nicht mehr um ein schönes Heim zu bemühen. Des Weiteren finde ich es wichtig, dass eine Ehefrau nach Möglichkeit zu Hause ist, wenn ihr Mann von der Arbeit nach Hause kommt. Vielleicht findest Du auch vorher noch die Zeit, Dein bespucktes Oberteil zu wechseln und das Babyspielzeug wegzuräumen.

»Stille Zeit«, Ehemann, Mahlzeiten, Schlafen, Haushalt, frische Luft: Überlege Dir, wann diese Dinge in Deinem Tagesablauf Platz finden. Jetzt hast Du schon mal eine Grundstruktur, die Dir hilft, nicht das Gefühl zu haben »Ich schaffe ja gar nichts mehr«. Selbst wenn Du an einem Tag sonst nichts anderes schaffst, hast Du doch Deinen Mann begrüßt und verabschiedet, Mahlzeiten zubereitet, Dein Baby versorgt und die Wohnung in Ordnung gehalten. Das ist schon sehr viel und an manchen Tagen vollkommen genug – besonders, wenn das Baby noch klein oder in einer anstrengenden Phase ist.

Darüber hinaus wird es immer wieder zusätzliche Termine geben, eine Vorsorge-Untersuchung, einen Termin in der Gemeinde, eine Geburtstagseinladung, einen Besuch oder was auch immer. Es ist immer eine Kunst, nicht zu viel, aber auch nicht zu wenig zu machen – aber diese Herausforderung bleibt wohl ein Leben lang. Eine Grundregel ist, dass Du mit Deinem Baby viel unternehmen kannst, wenn wichtige Eckpunkte am Tag, wie zum Beispiel der Mittagsschlaf und eine ruhige Zeit am Abend gleichbleibend sind. Wenn das Baby schläft (oder zufrieden auf seiner Decke liegt) und Du die nötige Kraft hast, geh die

Dinge an, die Du Dir für diese Zeit vorgenommen hast. Faulheit ist keine christliche Tugend, vielmehr fordert die Bibel uns dazu auf, die Zeit so gut wie möglich auszukaufen (Epheser 5,16).

Bevor Du geheiratet hast und Mutter geworden bist, war Dein Tag vielleicht mit allerhand Hobbys und Gewohnheiten angefüllt, denen Du jetzt nicht mehr so ohne Weiteres nachgehen kannst. Eine Frau kann wie gesagt noch viel tun, wenn sie ein Baby versorgt, aber natürlich gibt es auch eine Menge Aktivitäten, die einfach nicht gut in diese Lebensphase passen. Vielleicht hattest Du einen spannenden Beruf, bist gerne gereist oder abends mit Deinen Freundinnen in die Stadt gegangen. Vielleicht hast Du viel Sport gemacht oder ausgiebige Shopping-Touren geliebt. Und jetzt sind alle diese Dinge, an denen Du immer Freude hattest, nicht mehr gut möglich, und Deine Stimmung ist entsprechend am Tiefpunkt. Da wir heute alle davon geprägt sind, unser eigenes Wohlergehen und unsere persönlichen Entfaltungsmöglichkeiten im Blick zu haben, fällt es uns schwerer als Frauen früherer Generationen, auf Liebgewordenes zu verzichten – und sei es auch nur für eine Zeit und um des eigenen Kindes willen.

»Gebt nun acht, wie ihr sorgfältig wandelt, nicht als Unweise, sondern als Weise, die die gelegene Zeit auskaufen, ...«
Epheser 5,15-16

Es mag sein, dass manche junge Frau, die sich schon immer sehr auf das Mutter-Dasein gefreut hat, diese Gefühle von Unzufriedenheit gar nicht kennt. Aber viele berichten doch, dass sie mit den ungewohnten Einschränkungen, die der Alltag mit einem Baby mit sich bringt,

zu kämpfen haben. Eine Mutter, deren Kinder bereits im Teenageralter sind, erzählte mir, dass die ersten Jahre mit ihren beiden
Kindern zu Hause für sie die geistlich herausforderndste Zeit ihres Lebens waren. Es fiel ihr einfach schwer, bei so vielen spannenden Aktivitäten nicht mit dabei sein zu können. Sie fühlte sich
unausgefüllt und gleichzeitig überlastet. Es war nicht leicht für
sie, zu akzeptieren, dass die Erfüllung der Aufgaben zu Hause im
Moment Gottes guter Wille für sie war. Auch wenn man es von
außen nicht immer sieht: So manche junge Mama bläst zu Hause Trübsal und bemitleidet sich wegen all der abwechslungsrei-
chen Unternehmungen oder beruflichen Ziele, die nun erst einmal in weite Ferne gerückt sind. Ironischerweise wird sie gerade
jetzt von vielen kinderlosen Frauen beneidet. Aber man kann im
Leben nicht alles gleichzeitig haben. Wenn Du ein volles »Ja« zu
Deinen jetzigen Lebensumständen findest und das Beste aus den
vorhandenen Möglichkeiten machst, wird es Dir besser gehen, als
wenn Du Dir die vielen Dinge in leuchtenden Farben vor Augen
malst, auf die Du im Moment verzichten musst.

Das Prinzip, dass ein gelungener Tag eine Struktur braucht,
weil es weder für das Kind noch für die Mutter gut ist, wenn
immer alles möglich ist, gilt letztendlich auch für diese gesamte
Lebensphase. Vielleicht kannst Du momentan keine Skifreizeit
mitmachen oder an jedem dritten Wochenende einen Chorauf-
tritt haben – aber das heißt ja nicht, dass diese Dinge nie mehr
im Leben möglich sein werden. Ich las von einer jungen, künst-
lerisch begabten Mutter, die sehr gerne malte. Doch mit einem
Krabbelkind, einer engen Wohnung und den vielen Ölfarben und
Leinwänden musste sie einsehen, dass dieses Hobby einfach nicht

in die momentane Lebensphase passte. Sie packte alles weg – und als ihre Kinder Jahre später größer waren, sie mehr Zeit und die Familie mehr Platz zur Verfügung hatte, fing sie wieder mit viel Freude zu malen an. Ein Baby bedeutet immer auch Verzicht und Einschränkung. Es zwingt mich als Mutter dazu, zurückzustecken und mein Leben für jemand anderen hinzugeben. Letztlich »rettet« es mich ein Stück weit vor mir selbst, meinem Egoismus, dem Drehen um meine eigenen Bedürfnisse und der Illusion, dass ich mein Leben im Griff hätte und perfekt planen könnte. Es hilft mir, Selbstverleugnung zu üben. Weil »Geben seliger ist als Nehmen« (Apostelgeschichte 20,35), ist gerade dies der Weg, auf dem der Schöpfer Erfüllung, Glück und Lohn für uns Mütter vorbereitet.

Zum Weiterdenken

Bin ich bereit, für das Vorrecht, Mutter zu sein, auf Liebgewordenes zu verzichten, das nicht gut in diese Lebensphase passt?

Welche sinnvollen Aktivitäten lassen sich gut in meinen momentanen Baby-Alltag integrieren?

Wie kann ich in dieser Zeit von zu Hause aus Gott dienen?

Struktur ermöglicht Freiraum

Eine Struktur im Tagesablauf erzeugt Sicherheit, sowohl bei der Mutter als auch beim Kind. Sie ermöglicht auch Vorhersehbarkeit. Diese Vorhersehbarkeit wiederum führt zu Freiräumen, die jede Mutter nach ihrem Belieben ausfüllen kann. Ich kenne junge Frauen, die neben der Betreuung ihrer kleinen Kinder von zu Hause aus allerhand gewinnbringende Dinge tun, zum Beispiel Texte lektorieren, handgearbeitete Produkte über das Internet vertreiben oder aufwendige Bastelarbeiten für den Kindergottesdienst vorbereiten. All diese Dinge wären nur schwer möglich, wenn ihre Kinder nicht an einen Rhythmus gewöhnt wären. Ich selbst hatte die Möglichkeit, für einige Jahre als Lehrerin von zu Hause aus zu arbeiten und Business-Englisch-Unterricht am Telefon zu erteilen.[5] Ich glaube, dass die festen Termine, die ich dadurch in meinem Kalender stehen hatte, eine echte Hilfe für mein Hausfrauen- und Mutter-Dasein waren, weil sie mich zwangen, einen scheinbar endlos langen Tag zu strukturieren. Oft hatte ich zum Beispiel um 13:30 Uhr ein Unterrichtsgespräch. Also aßen wir vorher zu Mittag, ich stillte das Baby, und die ganze Mannschaft kam gegen 13 Uhr ohne Hektik ins Bett. Dann konnten die Kinder in Ruhe einschlafen, ich hatte noch etwas Zeit, die Küche aufzuräumen und meine Englisch-Sachen hervorzuholen. Eine Unterrichtseinheit dauerte zwanzig Minuten. Meine Schüler

· ·

5   Um hier nicht das Bild einer Super-Power-Frau abzugeben, das wirklich überhaupt nicht der Realität entspricht, möchte ich betonen, dass ich dafür immer an anderen Stellen Entlastung hatte, entweder durch junge Frauen, die mit bei uns im Haus wohnten, oder einem Babysitter oder einer Putzhilfe. Als ich zu einem späteren Zeitpunkt alle Kräfte für den Alltag brauchte, kündigte ich den Job.

wussten, dass ich Kinder zu Hause hatte, und ich hatte vorher erklärt, dass ich im Notfall, wenn ein Kind weinen würde, den Unterricht abbrechen müsste. Das ist aber höchst selten vorgekommen. In der Regel haben die Kinder einfach ihren Mittagsschlaf gemacht – und ich direkt nach dem Gespräch auch.

Du musst natürlich keine Englischstunden geben, aber ein Rhythmus wird Dir viel Freiraum verschaffen für Aktivitäten, die Dir Freude machen. Vielleicht hast Du Lust, nähen zu lernen? Einen Online-Kurs zur Weiterbildung zu machen? Die nächste Kinderstunde vorzubereiten? Einem Schüler Nachhilfe zu geben? Teenager-Mädchen aus der Gemeinde zu einem Bibelkurs einzuladen? Wenn Du Dich darauf verlassen kannst, dass Dein Baby regelmäßig schläft, und Du Dir angewöhnst, einen Teil der Hausarbeit zu erledigen, solange es wach ist (dazu später mehr), wird Dir viel freie Zeit zur Verfügung stehen. Neulich hörte ich, wie eine junge Mama ihrer hochschwangeren Freundin den Rat gab, sich für die ersten Monate nach der Entbindung erst mal gar nichts vorzunehmen und alle Verpflichtungen abzusagen. Man hätte in dieser Zeit einfach keine Luft für irgendetwas anderes. Ist das wahr? Wenn es so wäre, dass man mit einem Kind völlig ausgefüllt ist – was sollen die Mütter machen, die ein zweites Kind bekommen und neben dem Neugeborenen noch ein Geschwisterchen versorgen müssen? Und was, wenn noch ein drittes Kind kommt? Oder gar ein viertes? Eine Frau hat noch viele freie Kapazitäten, wenn sie nur ein gesundes Baby und eine Drei-Zimmer-Wohnung zu versorgen hat! Zumindest wenn sie auf einen guten Rhythmus achtet.

Wahrscheinlich wirst Du nach dem Wochenbett mit Deinem ersten Kind so viel freie Zeit zur Verfügung haben wie vielleicht in Deinem ganzen Leben nicht mehr (wenn wir davon ausgehen, dass das Kind gesund ist und Du eine normale Entbindung hattest). Jetzt ist die Zeit, in der Du alles Mögliche machen kannst. Ich glaube, dass es gut ist, sich vorher bewusst vorzunehmen, wie man diese Zeit gestalten möchte. Manchen Frauen, die bis zur Entbindung voll gearbeitet haben und nur Hobbys hatten, die sich schlecht mit einem Baby vereinbaren lassen, fällt zu Hause nach einigen Wochen die Decke auf den Kopf.

Voraussetzung ist, dass Dein Kind einen Rhythmus hat und Du von Deinen Vorhaben viel zu Hause machen kannst. Innerhalb dieser Grenzen aber steht Dir die Welt offen.

Dazu kommen die ständige Erschöpfung und die Hormonumstellung, und der Tag füllt sich schnell mit einer Rund-um-die-Uhr-Baby-Betreuung, die gar nicht nötig wäre. Diese Frauen fühlen sich dann verständlicherweise unausgefüllt und unterfordert, obwohl sie ständig beschäftigt und gestresst sind. Nimm Dir deshalb vorher sinnvolle Dinge vor, die Du in dieser Lebensphase tun möchtest, und gehe davon aus, dass Dir freie Zeit zur Verfügung stehen wird. Voraussetzung ist, dass Dein Kind einen Rhythmus hat und Du von Deinen Vorhaben viel zu Hause machen kannst. Innerhalb dieser Grenzen aber steht Dir die Welt offen.

Sicher ist es eine gute Investition, wenn Du Dich in dieser Zeit mit dem ersten Kind bewusst auf die vor Dir liegenden Jahre vorbereitest. Wahrscheinlich ist es jetzt noch nicht unbedingt nötig, eine Struktur für Euren Drei-Personen-Haushalt zu entwerfen oder Essenspläne zu erstellen. Aber später, wenn mehrere Kinder da sind, wirst Du dankbar sein für alle Rezepte, die Du »im Schlaf« kochen kannst, und für jede Fähigkeit im Bereich Haushaltsorganisation, die Du Dir schon angeeignet hast. Wenn man später im prallvollen Leben anfangen muss, Dinge mühsam zu lernen, ist dies viel schwieriger als zu der Zeit, in der Du mit nur einem Baby noch relativ viele Freiräume hast. Ich bin Gott dankbar, dass er mich in dieser Phase auf einige gute christliche Bücher[6] gestoßen hat, die mir halfen, mich auf meine neue Rolle vorzubereiten. Jetzt ist eine gute Zeit, sich mit diesen Themen zu beschäftigen! Denn es ist viel leichter, von Anfang an Dinge richtig zu machen, als Jahre später, wenn es bereits viele Probleme gibt, gewohnte Abläufe und Verhaltensmuster zu verändern.

Struktur und Dienst

So wichtig ein von Eltern gelenkter Rhythmus auch ist, so ist er doch nicht das höchste Gut auf Erden. Es wird immer wieder Situationen geben, in denen Du mit Deinem Mann abwägen musst, was in diesem Moment das Wichtigste ist. Gerade wenn man als Familie Gott dienen möchte, wird man immer wieder neu entscheiden müssen, was jetzt Priorität haben sollte.

. . . .

6   Besonders geholfen haben mir die Bücher von Elizabeth George, »Eine Frau nach dem Herzen Gottes« und »Eine Mutter nach dem Herzen Gottes«, sowie »Lebensraum Familie« von Edith Schaeffer und »Anziehungskraft ... mehr als Mann sieht« von Carolyn Mahaney. Im Bereich Haushaltsführung habe ich einiges aus dem Buch »Besser einfach – einfach besser. Das Haushalts-Survival-Buch« von Bianka Bleier und Birgit Schilling übernommen.

Ein Ehepaar aus unserer Gemeinde hat seine kleine Tochter viele Monate lang abends mit in den Hauskreis genommen und dort in einem Nebenraum zum Schlafen gelegt. Natürlich kam der Schlafrhythmus des Mädchens an diesem Abend durcheinander. Mit ungefähr anderthalb Jahren kam dann der Punkt, wo sie entschieden haben, dass einer von ihnen mit dem Kind zu Hause bleiben muss. Doch die Monate vorher erschien es ihnen wichtiger, dass sie beide im Hauskreis dabei sein konnten, als dass ihre Tochter an diesem Abend eine perfekte Zu-Bett-geh-Zeit hatte. Ein anderes Paar hat sein Baby mit auf eine turbulente Kinderfreizeit genommen. Natürlich läuft in dieser Zeit für das Kind nicht alles genau nach Plan, aber wenn es sonst einen ruhigen und konstanten Alltag hat, wird es keinen Schaden nehmen. Mein Mann und ich haben lange samstags abends in der Jugendstunde unserer Gemeinde mitgearbeitet. Die Nacht von Samstag auf Sonntag war oft sehr unruhig, weil unsere Kinder viel später als gewöhnlich im Bett waren und jede Menge Eindrücke zu verarbeiten hatten. Aber es erschien uns wichtig, dass wir beide dabei waren, und wir glauben, dass die Kinder in dieser Zeit auch einen Segen mitbekommen haben – selbst wenn die Nacht danach manchmal für sie unruhig und für uns anstrengend war.

Dienste mit einem oder mehreren kleinen Kindern erfordern immer ein Abwägen. Der normale Rhythmus kann aus gutem Grund einmal durcheinandergebracht werden, aber das kann

> Dienste mit einem oder mehreren kleinen Kindern erfordern immer ein Abwägen.

man nicht jeden Tag machen. Kinder sind auch von ihrer Flexibilität her unterschiedlich. Es gibt Babys, die in fremder und lauter Umgebung so viel schreien, dass es für Dich als Mutter, für Deinen Mann und für alle anderen das Beste ist, wenn Du einfach mit Deinem Kind zu Hause bleibst. Es nützt ja nichts, wenn die Zeit für alle Beteiligten zur Qual wird! Das ist vielleicht ein Opfer für Dich, aber Gott wird Dich für Deinen Einsatz an der »Heimatfront« segnen. Es ist nicht hilfreich, wenn Du mit Deinem Kind wie eine Klette an Deinem Mann hängst und unbedingt überall dorthin mitwillst, wo er hingeht. Wenn Dein Platz nun öfter zu Hause ist, als Dir das von Deinem Naturell her lieb wäre, solltest Du das als Gottes Willen für diese Phase annehmen und versuchen, das Beste aus der Situation zu machen.

Im Allgemeinen aber gilt die Regel: »Je unkomplizierter die Eltern, desto unkomplizierter auch die Kinder.« Viele Babys sind erstaunlich unkompliziert, anpassungsfähig und robust, wenn sie von Anfang an viele Menschen, Stimmen, Geräusche und Lieder gewohnt sind. Wenn ein Kind es außerdem von zu Hause kennt, dass ihm nicht immer die volle Aufmerksamkeit gehört und es auch mal nur Zuschauer sein kann, wird es auch zufrieden bei einer Veranstaltung mit dabei sein, die eigentlich für Erwachsene gedacht ist. Oder auch mal ohne größere Probleme in einer fremden Umgebung seinen Mittagsschlaf machen. Bei manchen Familien staune ich wirklich, wie viel sie mit ihren kleinen Kindern für Gott unterwegs sein können, ohne dass jemand darunter leidet. Ich denke: Solange die Mutter in der Nähe und liebevoll, konsequent und entspannt ist, ist ein Kind in diesem Alter eigentlich überall auf der Welt zu Hause.

Zum Schluss möchte ich Dich noch ermutigen, Dein Kind in den ersten zwei Jahren mit zum Gottesdienst zu nehmen, auch wenn das für Dich anstrengend sein mag und die normale Vormittagsstruktur durcheinanderbringt. Ganz sicher wird es einen Segen bekommen, der über das hinausgeht, was es mit seinem Verstand begreifen kann. Die kleinen Kinder, die von ihren Müttern zum Herrn Jesus gebracht wurden, haben auch noch nicht viel verstanden. Trotzdem hat der Herr ihnen die Hände aufgelegt, sie auf den Arm genommen und sie gesegnet (Markus 10,13-16). Es ist interessant, dass durch den Propheten Joel Gott das Volk auffordert, als Ganzes vor sein Angesicht zu kommen:

> »Je unkomplizierter die Eltern, desto unkomplizierter auch die Kinder.«

»Versammelt das Volk, heiligt eine Versammlung, bringt die Ältesten zusammen, versammelt die Kinder und die Säuglinge an den Brüsten« (Joel 2,16). Und ist es nicht herrlich, dass wir an einen Gott glauben, der sich aus dem Mund der Kinder und Säuglinge Lob bereitet (Psalm 8,3 [nach Schlachter 2000])? Außerdem bist Du eine Ermutigung für Deine Glaubensgeschwister, selbst wenn Du mit einem Baby auf dem Arm nicht so viel mitbekommst oder wenig Zeit für lange Gespräche hast. Natürlich wird es auch mal Sonntage geben, an denen Du lieber mit dem kränkelnden Kind zu Hause bleibst, aber die Gewohnheit, dass im Normalfall die ganze Familie zur Gemeinde fährt, wird sich als gute Investition in Eure Zukunft erweisen.

Zum Weiterdenken

An welchen Stellen sollte ich von meinem Rhythmus Abstriche machen, weil es Wichtigeres gibt?

Kommt unser Baby gut mit seinem Alltag zurecht oder überfordere ich es durch zu viele Aktivitäten?

Wie kann ich die Abläufe am Sonntagmorgen so organisieren, dass die ganze Familie ohne unnötigen Stress den Gottesdienst besuchen kann?

Struktur und Pausen

Wenn man eine der Eltern- und Frauenzeitschriften aufschlägt, die einem die Wartezeit beim Kinderarzt vertreiben sollen, ist der Tenor vieler Artikel: »Achte auf Deine Bedürfnisse«, »Pflege Dich«, »Gönne Dir etwas Gutes« oder »Sei achtsam Dir selbst gegenüber«. Wenn ich meine Bibel aufschlage, ist der Tenor eher: »Gib Dich hin«, »Verleugne Dich selbst«, »Lebe nicht für Dich«. Wie kann man diesen Anforderungen als junge Mutter gerecht werden? Schließlich hat man ja Verantwortung für ein junges Menschenleben, zu dessen Versorgung man emotionale und körperliche Kraft braucht.

Bestimmt hast Du auch schon festgestellt, dass ein Kind in diesem Alter auf seine Mutter leider noch keine Rücksicht nimmt. Das Zweijährige wird nicht plötzlich zu Dir sagen: »Mama, Du siehst aber müde aus. Leg Dich doch ruhig ein wenig hin, ich beschäftige mich heute Nachmittag alleine!« Auch das Baby wird nicht spüren, wie müde Du bist, und Dir deshalb einen längeren Mittagsschlaf ermöglichen. Für diese Pausen müssen wir selbst sorgen. Und auch an einem Tag, an dem mal »nichts« ist und man sich eigentlich ausruhen kann, muss trotzdem eine Menge getan werden. Als meine Kinder noch kleiner waren, schrieb ich zum Spaß einmal alle Aufgaben auf, die auch an einem freien Tag zu erledigen waren: zwei Wickelkinder versorgen, also mindestens sechs Windeln wechseln, vier Breie und weitere Mahlzeiten zubereiten, füttern, die Großen anziehen, den Windelmüll leeren … Ich weiß nicht mehr genau, auf welche Gesamtsumme ich kam, aber es waren einige Stunden Arbeit. Ein gewisses Maß an Selbstfürsorge und verantwortungsvollem Umgang mit den eigenen Ressourcen ist in dieser Lebensphase einfach wichtig. Wir wollen ja langfristig gut für unsere Familie sorgen und nicht ausbrennen. Es ist schade, wenn junge Mütter unter Schlafstörungen und Depressionen leiden oder ständig krank sind, nur weil sie sich in der anstrengenden Kleinkindzeit durch zu viele außerhäusliche Aufgaben oder einen verfrühten Berufswiedereinstieg selbst überfordern. Ich kann mich an einige Situationen erinnern, in denen ich meine eigenen Kräfte überschätzt und in gut gemeintem Eifer zu viel gemacht habe. Nachher musste meine Familie, für die ich ja eigentlich zuerst da sein wollte, diese Sache dann ausbaden.

Solche Oasen ins Leben einzuplanen, hilft, sich nicht permanent zu verausgaben.

Mein Mann hat mehrere Nächte im Monat Rufbereitschaft. Auch wenn er in einer Nacht nicht zu einem Einsatz gerufen wird, werden diese Bereitschaftsstunden nach einem bestimmten Tarif vergütet. Denn immer »auf dem Sprung« zu sein, selbst wenn man nicht gebraucht wird, ist etwas anderes, als wenn man völlig entspannt seinen Abend gestalten und in der Nacht ruhig schlafen kann. In gewisser Weise haben Mütter von kleinen Kindern eine 7/24-Rufbereitschaft. Und man muss sich eingestehen, dass das Kraft kostet, auch wenn es natürlich Zeiten gibt, in denen das Baby einen nicht in Anspruch nimmt. Doch dieses permanente »Mit-einem-Ohr-beim-Kind-Sein« ist anstrengend. Von daher tun mir Zeiten, in denen ich wirklich frei habe, besonders gut. Manchmal, wenn ich wieder ziemlich abgekämpft war, hat mein Mann mich abends mit einem guten Buch ins Schlafzimmer oder für einen Spaziergang an die frische Luft geschickt, während er bei den Kindern geblieben ist. Diese Zeiten haben mir immer sehr gutgetan. Als unsere Kinder zwischen einem und sieben Jahren alt waren, bin ich einmal für ein Wochenende alleine weggefahren, um absolute Ruhe zu haben. Manchmal war dank unserer lieben Eltern auch ein Wochenende zu zweit nur mit dem jüngsten Baby möglich. Solche Oasen ins

Leben einzuplanen, hilft, sich nicht permanent zu verausgaben. Es kann auch ein falscher Stolz sein, wenn man immer alles schaffen möchte und nicht zugeben kann, dass man Hilfe, Erholung und Ruhe braucht.

Andererseits sind die Mütter, welche die weltliche »Sorge-für-Dich-selbst-Praxis« verinnerlicht haben, oft die unglücklichsten. Wenn man immer darauf achtet, wie es einem gerade geht – ob man müde ist oder nicht, glücklich oder nicht, ausgefüllt oder nicht – ist man auf dem sichersten Weg, ein ziemlich unzufriedener Mensch zu werden. Ein auf Gott und den Nächsten ausgerichtetes Leben ist viel gesünder. Die dazu nötige Belastbarkeit ist auch eine Sache des Trainings und der Gewöhnung. Es gibt Phasen, in denen wir einfach mal die Zähne zusammenbeißen und weitermachen müssen – und daran denken, dass eine glückliche Familie nicht das höchste Ziel und der letzte Sinn unseres Lebens ist! Dass wir als Christen manchmal mehr zu tun haben, als uns persönlich lieb wäre, ist

> »Wer nicht sein Kreuz auf sich nimmt und mir nachfolgt, ist meiner nicht würdig. Wer sein Leben findet, wird es verlieren, und wer sein Leben verliert um meinetwillen, wird es finden.«
> Matthäus 10,38-39

vielleicht auch Teil des Kreuzes, das wir um Jesu willen immer wieder auf uns nehmen (Matthäus 10,38).

Wahrscheinlich hat dieses ganze Thema viel mit der persönlichen Abhängigkeit von Gott zu tun. Er kann Dir klarmachen, dass er Dir die Kraft für Aufgaben geben möchte, die Dir menschlich gesehen momentan eine Nummer zu groß wären. Er kann auch dafür sorgen, dass Dein kleines Kind während dieser Zeit gut schläft, nicht krank wird und sich einfügt, und er kann Dir eine Extraportion Energie schenken. Es sieht manchmal so aus, als ob die Belastbarkeit von jungen Frauen von Generation zu Generation nachlassen würde. Das wäre schade. Andererseits ist Gott auch der gute Hirte, der die »säugenden Mutterschafe fürsorglich leitet« (nach Jesaja 40,11) und sie nicht überfordert. Manche Aufgaben übernehmen wir vielleicht aus bloßem Pflichtgefühl oder um Anerkennung von anderen zu bekommen, obwohl der himmlische Vater sie im Moment gar nicht für uns vorgesehen hat. Denke daran: Was Du in den frühen Jahren mit Deinen Kindern verpasst hast, kannst Du nie mehr nachholen, aber viele Dienste im Reich Gottes kannst Du auch später noch übernehmen.

Wichtig finde ich, dass ein Ehepaar sich einig ist in den außerhäuslichen Aufgaben, die übernommen werden. Wenn Dein Mann meint, dass Du lieber noch etwas warten solltest, bis Du wieder in der Sonntagsschule mitarbeitest, oder findet, dass ein weiterer Müttertreff am Vormittag zu viel für Dich ist, dann richte Dich einfach danach. Andersherum sollten wir auch unserem Ehemann klar kommunizieren, wenn wir seine Unterstützung brauchen, und nicht von ihm erwarten, unseren Müdigkeitszustand zu erraten (ich dachte immer, mein Mann könnte das!). Wenn Dein Partner weiß, dass Du normalerweise versuchst, ihm möglichst viel Arbeit abzunehmen, wird er Dir sicher auch gerne den nötigen Freiraum zum Regenerieren ermöglichen oder einen Termin um Deinetwillen absagen.

Um Kraft für den Alltag und zusätzliche Energien für andere zu haben, ist gesunder Schlaf sehr bedeutsam. Ausreichend zu schlafen, ist das tägliche Eingeständnis, dass wir begrenzte Menschen und nicht Gott sind, der ja »nicht schlummert und nicht schläft« (Psalm 121,4). Seinem Kind einen vernünftigen Rhythmus beizubringen und ihm zu helfen, so bald wie möglich durchzuschlafen, finde ich schon aus diesem Grund für eine gläubige Mutter wichtig. Denn wenn man dauerhaft übermüdet ist, benötigt man viel Zeit für die eigene Regeneration und wird auch weniger Schwung für den Dienst in der Gemeinde und an anderen Menschen aufbringen können. Wichtig ist auch, flexibel genug zu sein, kurze Pausen im Tagesablauf zur Erholung zu nutzen. Wenn das Kleinkind seinen Mittagsschlaf macht und auch das Baby ruhig geworden ist, sollte man sich ebenfalls ausruhen – selbst wenn die Küche noch nicht ganz ordentlich ist. Das Geschirr kann man auch noch spülen, wenn die Kinder wieder wach sind. Unser eigener Terminplan darf uns nicht versklaven und kann auch mal ohne schlechtes Gewissen über den Haufen geworfen werden. Perfektionistisch veranlagte Frauen müssen da besonders aufpassen. Eine Mutter sollte ihren Haushalt so gut wie möglich führen, aber wenn man

> Ausreichend zu schlafen, ist das tägliche Eingeständnis, dass wir begrenzte Menschen und nicht Gott sind.

kleine Kinder hat, ist es wirklich wichtiger, dass man für sie Kraft hat und ausgeschlafen ist, als dass die Fenster immer blitzeblank geputzt sind.

Denke auch darüber nach, wie Du die Pausen in Deinem Tagesablauf so gestalten kannst, dass sie wirklich effektiv sind. Wenn Du in Deinen zeitlichen Freiräumen hauptsächlich in sozialen Netzwerken unterwegs bist, ist das vielleicht nicht die beste Art von Erholung. Natürlich sollte man darüber hinaus auch die ganz einfachen Hinweise berücksichtigen, die einem jeder Arzt gibt. Dazu gehört, genug zu trinken, was ganz besonders für stillende Mütter wichtig ist, und auf eine vernünftige Ernährung zu achten. Von einer fünffachen Mutter habe ich mir den Tipp abgeschaut, in der Stillzeit immer ein 0,5-Liter-Glas mit Wasser in der Küche stehen zu haben, das bis zur Hälfte des Tages leer getrunken sein musste. Auch ein gewisses Maß an sportlicher Betätigung ist sinnvoll, wenn wir körperlich fit bleiben wollen.

Bei all diesen Maßnahmen geht es nicht darum, dass wir auf eine ungesunde Weise den Fokus auf unser eigenes Befinden richten, sondern einfach unseren Körper mit einer »gewissen Wertschätzung« (vgl. Kolosser 2,23) behandeln, um langfristig möglichst effektiv und belastbar unserer Familie und dem Herrn dienen zu können.

Zum Weiterdenken

Wie kann ich meinen Tagesablauf strukturieren, um genug Zeit zur persönlichen Erholung zu haben?

Bin ich auch mal bereit, meine persönliche »Komfort-Zone« zu verlassen und auf meine »wohlverdiente Ruhe« zu verzichten, wenn der Dienst für Gott dies nötig macht?

Wo bin ich unnötigerweise ausgelaugt, weil ich nicht an einem guten Tag-Nacht-Rhythmus für mein Kind arbeite, es nicht erziehe oder zu viele Extra-Aktivitäten für den Tag plane?

Wie kann ich meine Pausen so gestalten, dass ich danach wirklich erholt bin?

5

Ernährung

»Doch du bist es,
der mich aus dem
Mutterleib gezogen hat,
der mich vertrauen ließ an
meiner Mutter Brüsten.«

Psalm 22,10

Die Muttermilch

Gott hat es in seiner Weisheit so eingerichtet, dass ein Säugling in den ersten Lebensmonaten alle notwendigen Nährstoffe sowie Kalorien und Flüssigkeit durch die Muttermilch bekommen kann. Doch Stillen ist mehr als nur reine Nahrungsaufnahme. Schon das Wort drückt aus, dass hier etwas Besonderes stattfindet: Es geht um ein Stillwerden, um ein tiefes Befriedigt- und Geborgensein. In Jesaja 66,11 wird den Gläubigen, die sich über das Heil Jerusalems freuen, versprochen: »... damit ihr saugt und euch sättigt an der *Brust ihrer Tröstungen*.« Die mütterliche Brust ist für den Säugling viel mehr als nur Quelle der Milch, sie bedeutet wirklich Trost, Nähe, Vertrauen und Geborgenheit. Nirgendwo entspannt sich ein Säugling so völlig wie hier. Sein Baby anlegen zu können und ihm damit alles zu geben, was es braucht, ist auch eine zutiefst befriedigende und schöne Erfahrung für eine Mutter. Was braucht ein kleines Menschenkind, wenn es auf die Welt kommt? Im Prinzip nicht mehr als Nahrung, Wärme und Geborgenheit durch die Nähe der Mutter. Alle diese Bedürfnisse kannst Du Deinem Kind schon allein dadurch erfüllen, dass Du es stillst. Hierdurch wird außerdem die besondere Nähe zwischen Euch, die bereits in der Schwangerschaft existiert hat, auf wunderbare Weise vertieft. Denke daran: Kein Mensch auf der Welt kann Deinem Kind jetzt das geben, was Du ihm als seine Mutter durch das Stillen geben kannst.

Die Muttermilch ist in ihrer Zusammensetzung perfekt auf die Bedürfnisse des Säuglings abgestimmt. Außer den Nährstoffen enthält sie auch verschiedene Abwehrstoffe, sodass gestillte

Babys einen besonderen Schutz vor Infektionen und Allergien haben (dieser Effekt ist noch bis ins Schulalter nachweisbar). Die folgenden Zahlen sprechen eine deutliche Sprache: Nichtgestillte Kinder haben gegenüber gestillten Kindern 2,3-mal mehr Atemwegserkrankungen, 3,4-mal mehr Durchfälle, 5-mal mehr Infektionen der Harnwege, 10-mal mehr Mittelohrentzündungen und ein 5,6-fach erhöhtes Risiko, an Lymphdrüsenkrebs zu sterben.[7]

Allein mit einer so einfachen Maßnahme wie dem Stillen leistest Du also einen enorm wichtigen Beitrag zur Gesundheit Deines Kindes. Übrigens auch zu Deiner eigenen Gesundheit: Viele Studien haben gezeigt, dass Stillen das Brustkrebsrisiko der Mutter deutlich senkt.[8]

> Durch das Stillen leistest Du einen wichtigen Beitrag zur Gesundheit Deines Kindes.

Interessanterweise verändert sich bei der Muttermilch im Lauf der Stillmahlzeit die Konzentration: Zuerst überwiegen die durstlöschenden, dann die sättigenden Anteile. Wusstest Du, dass sich die Muttermilch den Jahreszeiten anpasst? Das tut sie tatsächlich, sie ist nämlich im Sommer wässriger und im Winter energiereicher. Weitere Vorteile der Muttermilch gegenüber industriell hergestellter Säuglingsmilch sind: dass sie immer zur Verfügung

7   Daten entnommen aus verschiedenen Studien des *International Baby Food Action Network*, www.ibfan.org.
8   Zum Beispiel http://thelancet.com/journals/lancet/article/PIIS0140-6736(15)01024-7/fulltext (abgerufen am 05.04.2017).

steht, die richtige Temperatur hat, keimfrei ist – und kostenlos. Außerdem ist Stillen unglaublich praktisch. Als ich unsere erste Tochter einmal nicht stillen durfte, weil ich Medikamente nehmen musste, die in die Muttermilch übergehen, merkte ich erst, wie viel Aufwand und zusätzliche Arbeit das Fläschchen bedeutet. Das Stillen scheint übrigens auch uns Müttern gutzutun. Ich habe von einer Studie gelesen, die nahelegt, dass stillende Mütter, wahrscheinlich hormonbedingt, fröhlicher und gelassener sind als nichtstillende Mütter.[9] Da der Schöpfer dies alles so wunderbar eingerichtet hat, sollten wir (gläubigen) Mütter unsere Kinder stillen, wenn das irgendwie möglich ist.

Es ist begrüßenswert, dass das Stillen, nachdem es lange Zeit als altmodisch verpönt war, schon seit vielen Jahren wieder in Mode gekommen ist und junge Mütter von Hebammen und Ärzten im Allgemeinen dazu ermutigt werden. In den meisten Entbindungskliniken gibt es heute speziell geschulte Laktationsberaterinnen, die Frauen rund um das Thema Stillen beraten und bei Problemen helfen. Doch obwohl viele Frauen in der Klinik das Stillen beginnen, wird es häufig im Verlauf schnell aufgegeben. Nach einer Erhebung aus dem Jahr 2002 fangen in Deutschland zwar 91 Prozent der Frauen an zu stillen, aber nur 33 Prozent stillen ihr Kind mit vier Monaten noch voll.[10] Mit sechs Monaten sind es nur noch zehn Prozent (obwohl die Empfehlung der Weltgesundheitsorganisation lautet, sein Kind sechs Monate lang

9   Kathleen M. Krol et al., Breastfeeding experience differentially impacts recognition of happiness and anger in mothers, Scientific Reports, 7/2006, 2014.
10   http://www.bfr.bund.de/de/stillen_in_deutschland___eine_bestandsaufnahme-127243. html (abgerufen am 05.04.2017).

voll zu stillen). Wahrscheinlich sind es heute im Vergleich zum Jahr 2002 noch weniger Frauen, die ihr Baby länger als nur in den ersten zwei oder drei Lebensmonaten stillen. Eine junge Mutter erzählte mir, dass sie schon zu Beginn des Rückbildungskurses die Einzige war, die ihrem Kind noch die Brust gab, alle anderen hatten das Stillen bereits wieder frustriert aufgegeben. Das ist sicher kein Einzelfall.

Offensichtlich klappt das Stillen nicht immer so leicht, wie man sich das wünscht. Manchmal liegen tatsächlich »absolute Stillhindernisse« vor, entweder aufseiten der Mutter oder aufseiten des Kindes. In diesen seltenen Fällen (weniger als 5 %) sollte man froh und dankbar sein, dass es gute industriell hergestellte Säuglingsmilch gibt, die der Muttermilch in ihrer Zusammensetzung sehr nahekommt. Wenn Du also wegen irgendwelcher Umstände oder einer Krankheit nicht stillen kannst, brauchst Du Dir keine Vorwürfe zu machen, in tiefe Depressionen zu versinken oder zu denken, dass Du als Mutter versagt hättest. Manche Gruppierungen idealisieren das Stillen so stark, als würde direkt aus der Brust der Mutter Liebe und Urvertrauen zum Kind fließen. Das ist nicht der Fall, und es gibt auch andere Wege, einem Baby Liebe zu zeigen. Wenn das Stillen nicht ideal klappt, heißt das nicht, dass Dein Kind einen Schaden für den Rest seines Lebens bekommen wird. Muttermilch ist sicherlich das Beste für jeden Säugling, aber die Verantwortung einer Mutter umfasst viel mehr als nur die richtige Ernährung. Wenn Du aus besonderen Gründen nicht stillen kannst, dann achte aber ganz bewusst darauf, dass Du viel Körperkontakt mit Deinem Kind hast – so, wie das beim Stillen auch der Fall wäre. Außerdem solltest Du nicht aus Bequemlichkeit oder um Zeit zu sparen einen Sauger mit einem zu großen Saugloch wählen. Trinken muss eine gewisse Anstrengung für den Säugling bedeuten.

Doch allermeistens funktioniert das Stillen aufgrund von »relativen Stillhindernissen« nicht, die mit Geduld, Gelassenheit und guter Beratung überwunden werden können. Gib nicht zu schnell auf, wenn Probleme auftreten! Es gibt einen Zusammenhang zwischen Stillwilligkeit und Stillfähigkeit. Eine einfache Brustentzündung ist noch kein Grund zum Abstillen – und einige Tage, in denen die Milch scheinbar nicht ausreicht, auch nicht. Etwas mehr Ruhe, häufigeres Anlegen und vermehrte Flüssigkeitsaufnahme helfen oft schon, das Problem zu lösen. Manchmal kann auch die Verwendung eines Stillhütchens helfen. Denke daran, dass insbesondere während der ersten drei bis vier Lebensmonate jeder Tag Muttermilch ein Gewinn für Dein Baby ist. Wirf in dieser Zeit bei Schwierigkeiten die Flinte nicht zu schnell ins Korn, sondern still weiter und such Dir Hilfe bei einer erfahrenen Mutter oder Hebamme. Wenn Du allerdings nach ungefähr fünf Monaten den Eindruck hast, dass Deine Milch nicht mehr ausreicht, und Dein Baby immer hungrig zu sein scheint, würde ich nicht sagen, dass Du »um jeden Preis« ein halbes Jahr lang voll stillen musst. Wenn das Stillen bedeutet, dass Euer Alltag extrem nervenaufreibend ist, kann

> Gib nicht zu schnell auf, wenn Probleme auftreten! Es gibt einen Zusammenhang zwischen Stillwilligkeit und Stillfähigkeit.

es sinnvoll sein, früher als ursprünglich gedacht auf Beikost und Flaschennahrung zurückzugreifen. Oft ist es auch ein gutes Konzept, weiterhin zu stillen und nur einzelne Mahlzeiten zu ersetzen. Auf diese Weise kannst Du Deinem Baby noch längere Zeit zumindest einige Stillmahlzeiten am Tag geben.

Stillen ist ein schöner Teil des Mutterseins, auf den Du Dich wirklich freuen darfst. Noch einmal: Gib nicht so schnell auf, wenn es Probleme gibt – aber erwarte auch nicht, dass in jedem Fall Schwierigkeiten auftreten müssten. Bei vielen Frauen, die mit einer positiven Haltung an die Sache herangehen, klappt das Stillen ganz selbstverständlich.

Herausforderungen beim Stillen

Wenn es Unsicherheiten beim Stillen gibt, hängen sie häufig mit der Sorge zusammen, ob das Baby genug Milch bekommt, denn im Gegensatz zum Fläschchen siehst Du ja nicht, wie viele Milliliter Milch getrunken wurden. Dies kann ermittelt werden, indem man das Kind vor und nach der Stillmahlzeit wiegt. Doch das ist nur bei frühgeborenen Kindern oder in besonderen Situationen nötig – sonst wirst Du nur unnötig nervös. Außerdem ist die Menge an Milch, die ein Baby physiologischerweise beim Stillen aufnimmt, von Stillmahlzeit zu Stillmahlzeit unterschiedlich. Wenn Du ausreichend trinkst, genug körperliche Ruhe hast und Dein Baby tagsüber alle drei bis vier Stunden anlegst, wirst Du in aller Regel genügend Milch haben. Wenn Dein Baby zunimmt und wächst (das kontrollieren die Hebamme und der Kinderarzt bei den Vorsorge-Untersuchungen), Du Dein Kind beim Stillen schlucken hörst und es weite Strecken des Tages fröhlich und zufrieden ist, brauchst Du Dir keine Sorgen zu machen. Ein weiteres wichtiges Indiz ist die Ausscheidung: Wenn Dein Baby sechs bis acht volle Windeln am Tag hat und sein Urin klar ist, brauchst Du nicht zu befürchten, dass es zu wenig Flüssigkeit bekäme. Übrigens ist der Stuhlgang bei vollgestillten Babys sehr unterschiedlich: Manche haben nur alle paar Tage Stuhlgang (bis zu 14 Tagen ohne Stuhlgang ist in Ordnung, wenn es dem Kind gut geht), andere mehrmals täglich.

Beim Anlegen des Kindes ist die richtige Technik wichtig. Man kann in allen möglichen Positionen stillen – entscheidend dabei ist, dass das Baby nicht nur die Brustwarze, sondern den ganzen Vorhof mit den Lippen umfasst und durch die Nase noch genügend Luft bekommt. Gereizte Brustwarzen haben oft mit einer falschen Anlegetechnik zu tun. Wie lange ein Kind trinkt, ist individuell unterschiedlich. Sieben bis fünfzehn Minuten pro Seite sind ein guter Richtwert. Du solltest bei jeder Stillmahlzeit mit beiden Seiten stillen und beim nächsten Mal mit der zuletzt gestillten Seite beginnen. Wenn Dein Baby einschläft, bevor es sich richtig satt getrunken hat, versuche unbedingt, es wach zu halten, zum Beispiel durch häufigere Seitenwechsel, indem du es an den Füßchen kitzelst etc. Es ist wichtig, dass jede Stilleinheit auch eine vollständige Mahlzeit darstellt.

Ausreichendes Aufstoßen nach dem Trinken ist wichtig, aber Du brauchst Dein Kind auch nicht eine halbe Stunde lang verzweifelt auf den Rücken zu klopfen, weil kein »Bäuerchen« kommt – anscheinend hat es einfach keine überschüssige Luft im Bauch.

Gewöhne Dir an, während oder nach dem Stillen immer etwas zu trinken. Wenn auch am Anfang alles noch ziemlich kompliziert erscheint: Mach Dir keine Sorgen! In ein paar Wochen wird das Stillen die selbstverständlichste Sache der Welt für Dich geworden sein.

Stillen und Wochenbett

Die Phase, in der sich nach der Geburt die schwangerschaftsbedingten Veränderungen am Körper zurückbilden, wird »Wochenbett« genannt. Sie beginnt nach der Entbindung und dauert ungefähr acht Wochen. Besonders beim ersten Kind ist das wirklich eine aufregende Zeit! Die ungewohnte Verantwortung, von nun an rund um die Uhr für einen neuen Menschen verantwortlich zu sein, kann absolut überwältigend sein. Hinzu kommen die eigenen Vorstellungen und Vorsätze, mit denen man in diese Zeit startet, und die tatsächlichen oder vermuteten Erwartungen von außen. Wer vorher nie etwas mit der Pflege und Versorgung von Säuglingen zu tun hatte, ist oft sehr unsicher. Ist dieses Schreien normal? Hat mein Kind vielleicht Schmerzen? Ist es krank? Geht es ihm wirklich gut? Manche junge Mutter fragt sich vielleicht sogar, ob sie überhaupt in der Lage ist, für das bloße Überleben dieses Winzlings zu sorgen!

Dazu kommt, dass durch die Hormonumstellung die eigenen Emotionen durcheinandergeraten können und man einfach »näher am Wasser gebaut hat« als zu anderen Zeiten. Ein alter Hebammenspruch lautet, dass im Wochenbett drei Sachen fließen: der Wochenfluss, die Muttermilch und – die Tränen. Lege nicht

> Im Wochenbett
> fließen drei Sachen:
>
> der Wochenfluss,
> die Muttermilch
> und – die Tränen.

jedes Gefühl, das Dich in den ersten Tagen nach der Entbindung beschleicht, auf die Goldwaage! Allein das Wissen, dass Deine emotionalen Tiefs nichts mit Kind oder Ehemann zu tun haben und im Laufe der Zeit bestimmt weniger werden, kann schon viel helfen. Wenn Du bereits vorher nicht die illusionäre Erwartung hattest, dass mit dem Kind »das pure Glück« in Dein Leben einzieht und alle vorhandenen Probleme sich in Luft auflösen, wird es auch leichter sein. Allerdings münden bei manchen Frauen die normalen »Heultage« in eine ausgeprägte Wochenbettdepression. In diesen Fällen muss ärztliche Hilfe gesucht werden.

Um das Stillen in Gang zu bringen, solltest Du Dein Kind bald nach der Geburt das erste Mal anlegen. Das wird einem in der Regel auch ermöglicht, vorausgesetzt, dass das Kind keine intensivmedizinische Betreuung braucht. Aber auch bei »schwierigen Geburten« und Kaiserschnitten sollte es immer das Ziel sein, dem Kind so schnell wie möglich die Brust anzubieten. Die dickflüssige, gelbliche Milch, die die Milchdrüsen zuerst produzieren, wird Kolostrum genannt. Sie enthält besonders viele Immunstoffe, Proteine und Kalorien. In den ersten Tagen nach der Geburt solltest Du Dein Kind tagsüber ungefähr alle zwei bis zweieinhalb Stunden anlegen, um die Milchbildung zu fördern, innerhalb der ersten 24 Stunden auch öfter. Ein neugeborenes Baby ist durch die Erschöpfung nach der Entbindung oft sehr schläfrig und muss daher zum Trinken geweckt werden. Nachts habe ich mir allerdings nie einen Wecker zum Stillen gestellt. Das Neugeborene schläft sowieso noch nicht durch, und es wird Dich schon wecken, wenn es Hunger hat. Wenn der Milcheinschuss erfolgt ist und sich alles gut eingespielt hat, kannst Du die Abstände zwischen den Mahlzeiten auf den normalen Rhythmus von drei bis vier Stunden strecken. Die Zeitabstände zwischen den Stillmahlzeiten errechnen sich übrigens immer vom Beginn einer Mahlzeit bis zum Beginn der nächsten.

Man sollte ein Neugeborenes noch nicht lange schreien lassen, weil es nach dem Schreien vielleicht zu erschöpft zum Trinken ist. Andersherum würde ich das schlafende Baby tagsüber zu seinen Mahlzeiten wecken, damit die Brust einen ausreichenden Saugreiz bekommt und sich das Kind möglichst früh an einen Rhythmus gewöhnt. Da viele Neugeborene direkt an der Brust wieder einschlafen, ist es besonders wichtig, sie beim Trinken wach zu halten.

Ist es nicht absolut faszinierend zu sehen, wie der Schöpfer die Körper von Mutter und Kind aufeinander abgestimmt erschaffen hat?

Der Milcheinschuss kommt nach ungefähr drei bis fünf Tagen und ist manchmal etwas schmerzhaft. Wenn die Brust sich prall und gespannt anfühlt, kann Wärme vor dem Stillen und Kühle nach dem Stillen helfen. Es wird heute nicht mehr empfohlen, Tee oder künstliche Milch zur Überbrückung zu füttern, denn durch das hungrige Saugen des Kindes an der Brust wird die Milchbildung gefördert. Außerdem kommt das ausgetragene Neugeborene mit so vielen Reserven auf die Welt, dass es die Zeit bis zur Bildung der reifen Muttermilch gut überstehen kann. Ein Rückgang des Geburtsgewichts um bis zu 10 % ist normal, 10 bis 14 Tage nach der Entbindung sollte es wieder erreicht sein. Die Rückbildung der Gebärmutter wird durch das Stillen unterstützt, denn durch den Reiz an der Brustwarze wird das Hormon Oxytocin ausgeschüttet, wodurch sich die Gebärmutter zusammenzieht (diese Nachwehen beim Stillen spürt man beim ersten Kind kaum, bei Mehrgebärenden sind sie oft sehr schmerzhaft). Ist es nicht absolut faszinierend zu sehen, wie der Schöpfer die Körper von Mutter und Kind aufeinander abgestimmt erschaffen hat?

Es ist gut, wenn man sich in den ersten vier Wochen nach der Entbindung körperlich und emotional schonen kann. Eine liebe Oma, die während der ersten Tage etwas Leckeres kocht, die Wohnung in Ordnung hält, ihre Tochter bei der Versorgung des Babys unterstützt, sie liebevoll ermutigt und ein Gespür dafür hat, wann die frischgebackenen Eltern wieder Zeit für sich brauchen, kann Gold wert sein. Wenn dies nicht möglich ist, können vielleicht vertraute Schwestern aus der Gemeinde einen Teil dieser Funktion übernehmen. Es ist wichtig, dass die junge Mutter selbst etwas bemuttert wird und das auch zulässt! Die Hebammenhilfe, die Dir im Wochenbett zusteht, solltest Du auf jeden Fall annehmen. Und habe kein schlechtes Gewissen, wenn Du in den ersten Tagen anstrengenden »Baby-Guck-Besuch« auf später vertröstest. (Wer unbedingt jetzt schon kommen möchte, sollte wenigstens eine warme Mahlzeit mitbringen.) Dein Kind zu versorgen und selber wieder zu Kräften zu kommen, sind nun einfach Deine vordringlichsten Aufgaben. Unterschätze nicht die körperlichen und seelischen Umstellungen, die ein neugeborenes Baby mit sich bringt! Durch das Tempo unserer schnelllebigen Zeit beeinflusst, kann man zu früh denken, dass wieder alles wie vor der Geburt laufen müsste.

Es ist schön, wenn der Ehepartner zumindest etwas Urlaub hat, damit man diese besondere Zeit gemeinsam erleben kann. Wenn bereits Geschwisterkinder da sind, solltest Du alle Hilfe im Haushalt und bei der Betreuung der älteren Kinder annehmen, die sich nur finden lässt. Bei aller Nachsicht für die Umstellungsschwierigkeiten und neuen Herausforderungen ist das Wochenbett aber keine Entschuldigung, sich in Worten oder Taten gehen zu lassen. Hinter den biblischen Aufforderungen, die unser Reden betreffen, steht nicht in Klammern: »Das gilt natürlich nicht für Frauen, die gerade ein Kind bekommen haben!« Auch wenn man müde und emotional etwas durcheinander ist, kann man freundlich bleiben. Gerade beim ersten Kind brauchst Du auch nicht sechs Wochen lang auf der Couch zu liegen, Dich von Deinem Mann bedienen zu lassen und zu denken, dass sich die ganze Welt um Dich drehen müsste. Man kann sich auch ohne Rundumbetreuung schonen. Das Leben geht weiter, und irgendwann wirst Du auch Deine gewohnten Aufgaben wieder übernehmen können.

> Bei aller Nachsicht für die Umstellungsschwierigkeiten und neuen Herausforderungen ist das Wochenbett aber keine Entschuldigung, sich in Worten oder Taten gehen zu lassen.

Zum Schluss dieses Abschnitts möchte ich noch etwas über einen nicht perfekten Start sagen, den auch viele Paare erleben. Schwangerschaft, Geburt und Wochenbett sind Zeiten, in denen nicht immer alles glattläuft. Meine Eltern haben oft von dem Moment erzählt, als meine Mutter mit mir aus dem Krankenhaus kam und von meinem Vater mit Musik und Kerzen zu Hause festlich empfangen wurde. Ich hatte immer gedacht, dass es bei meinem ersten Kind genauso sein würde. Doch dann kam alles anders: Die Schwangerschaft war schwierig, und ich musste sieben Wochen vor Termin mit vorzeitigen Wehen ins Krankenhaus. Mein lieber Mann suchte den Kinderwagen und die Babyschale alleine aus, obwohl ich so gerne mit dabei gewesen wäre. Da unsere Tochter fünf Wochen zu früh geboren wurde, musste sie noch im Krankenhaus bleiben und ich wurde ohne mein Baby entlassen. Diesen Moment, zusammen mit dem ersten Kind direkt aus dem Krankenhaus in ein schön vorbereitetes Zuhause zu kommen, gab es leider nie!

Das ist natürlich alles überhaupt nichts Tragisches, aber in diesem Moment war ich doch sehr enttäuscht. Eine Bekannte erzählte mir, dass bei ihr vor der Geburt ihrer beiden älteren Kinder jeweils ein unerwarteter Krankenhausaufenthalt nötig war, sodass sie das Babyzimmer nicht so einrichten konnte, wie sie es geplant und sich in ihren Träumen ausgemalt hatte. Sie sagte, dass sie wirklich mit Gott haderte, weil sie

> Etwas mehr Realismus und weniger Verklärung tun sicher gut.

das Gefühl hatte, etwas nicht erlebt zu haben, was eigentlich jeder Mutter zustünde. In unserer Zeit, in der alles machbar und möglich erscheint, haben viele ein so bestimmtes Bild vor Augen, wie der Start mit ihrem Traumkind aussehen soll, dass schon die notwendige Wiederholung eines Hörtests oder eine ausgeprägte Neugeborenenakne sie völlig aus der Bahn wirft. Vielleicht tragen die perfekten Geburtsanzeigen mit den wunderschönen Babybildern ihren Teil dazu bei, dass man denkt, in allen Familien mit einem Neugeborenen wäre eine glückliche, heile Welt ohne Sorgen und Probleme. Etwas mehr Realismus und weniger Verklärung tun da sicher gut. Die Zeiten, in denen viele Frauen und Kinder bei der Entbindung gestorben sind, sind noch gar nicht so lange her. Wenn Du irgendwann mit Deinem Baby zu Hause sein darfst und es Euch beiden einigermaßen gut geht, besteht genug Grund, Gott von ganzem Herzen dankbar zu sein!

Stillzeiten

Beim Stillen fällt es manchmal schwerer, einen regelmäßigen Rhythmus zu erreichen, als bei der Ernährung mit dem Fläschchen. Das Baby schläft leicht an der warmen Brust ein, ohne ausreichend getrunken zu haben. Dementsprechend schnell wacht es wieder hungrig auf. Während es ziemlich kompliziert wäre, jetzt schon wieder eine Flaschenmahlzeit zuzubereiten, verführt die sofortige Verfügbarkeit der Muttermilch dazu, den Säugling einfach wieder anzulegen. So kann eine Art Teufelskreis entstehen: Das Baby gewöhnt sich an viele Mini-Mahlzeiten, und die Zeitabstände zwischen den Stillmahlzeiten sind zu kurz, als dass die

Brust mehr und vor allem gehaltvolle Milch produzieren könnte. Die Mutter kommt nicht zur Ruhe, hat das Gefühl, nichts anderes zu tun, als zu stillen, und fühlt sich ausgelaugt. Eine gesunde Stillroutine ist daher für Mutter und Kind von großem Vorteil.

> Eine gesunde Stillroutine ist für Mutter und Kind von großem Vorteil.
>
>

Für das Baby, weil es Hunger und Sättigung kennenlernt, ausreichend lange Schlafphasen hat, die es für seine Entwicklung braucht, und außerdem anfängt zu lernen, dass die Mama nicht rund um die Uhr verfügbar ist. Die Verdauung braucht Zeit, und wenn das Baby nach dem Essen weint, weil es Blähungen hat, dann aber direkt wieder gefüttert wird, hilft man ihm nicht. Für die Mutter ist ein vernünftiger Rhythmus wichtig, weil dieser ihr Zeitfenster gibt, in denen sie selbst Ruhe bekommt oder das Baby guten Gewissens auch mal anderen überlassen kann. Gereizten Brustwarzen tut die Regeneration in den Stillpausen ebenfalls gut. Das Saugbedürfnis eines Babys kann nicht nur an der mütterlichen Brust, sondern auch mithilfe eines Schnullers gestillt werden.

Nach den ersten Lebenstagen, wenn sich nach dem Milcheinschuss alles eingespielt hat, wird von den Ratgebern, die nicht für das Stillen nach Bedarf plädieren, ein Rhythmus von drei bis vier Stunden empfohlen.[11] Wahrscheinlich wirst Du heute eher hören,

---

11 Ein empfehlenswertes Buch zu diesem Thema ist »Babywise – Schlaf gut, mein kleiner Schatz. Wie Ihr Kind rundum zufrieden wird und endlich durchschläft« von Gary Ezzo und Robert Bucknam.

dass Du Dein Kind komplett nach Bedarf stillen solltest, aber aus eigener Erfahrung und der vieler anderer Mütter, die sich an einem Rhythmus orientiert haben, würde ich Dir unbedingt empfehlen, dies nicht zu tun. Ob Du Deinen Still-Rhythmus sehr genau oder etwas weniger genau einhältst, kannst Du je nach Typ und Möglichkeit selbst entschieden. Ich hatte immer die Regel, zwischen den Mahlzeiten tagsüber nicht weniger als drei und nicht mehr als vier Stunden Abstand zu haben, wobei gute drei Stunden das Ziel waren. Für unseren Alltag war es sinnvoll, die Stillmahlzeiten den allgemeinen Essenszeiten der Familie anzupassen, denn das Ziel ist ja, das Kind möglichst bald an den Familienmahlzeiten teilnehmen zu lassen. Du kannst Dein Baby vor oder nach Eurer Mahlzeit stillen, wenn es nur eine Zwischenmahlzeit ist, vielleicht auch parallel. Nach dem Stillen schließt sich normalerweise eine Wachphase an, danach schläft das Kind (idealerweise) bis zur nächsten Mahlzeit. Je kleiner das Baby ist, desto größere Teile des Tages wird es schlafen, mit zunehmendem Alter werden die Wachphasen länger und die Schlafphasen kürzer.

Wie kann dieser Rhythmus nun konkret aussehen? Die erste Stillmahlzeit am Morgen wird wahrscheinlich irgendwann zwischen 6 und 7 Uhr sein. (Wenn das Baby früher wach wird, zum Beispiel schon um 5 Uhr, versuche, es noch etwas hinzuhalten.) Diese erste Mahlzeit entspricht dem »Frühstück«. (Natürlich wirst Du vermutlich direkt nach dem Aufstehen erst das Baby versorgen und dann mit Deinem Mann und eventuell den älteren Geschwistern frühstücken.) Danach schlafen die meisten Babys noch einmal sehr tief und oft viel weniger unruhig als am Nach-

mittag. Dies ist eine gute Zeit für Hausarbeit und »Stille Zeit«. Gegen 10 Uhr
haben viele Leute eine »Kaffee- oder
Obstpause«, jetzt ist auch Zeit für die
zweite Stillmahlzeit. Die Stillmahlzeiten
können sich dem normalen Tagesrhyth-
mus anpassen: Um etwa 13 Uhr ist das
»Mittagessen« dran, um 15 oder 16 Uhr
»Kaffeetrinken«, um 19 Uhr »Abendessen«. Wenn Du eher ein strukturierter
Typ bist, wirst Du Dich wahrscheinlich sehr genau an die jeweilige Uhrzeit
halten; ich fand es praktischer, einfach
nur dieses Grundmuster der fünf Mahlzeiten im Kopf zu haben.

Es ist sinnvoll, wenn Du Dein Kind
noch einmal versorgst, bevor Du Dich
selbst hinlegst, es also anlegst und direkt vor der Nacht noch einmal wickelst.
Vielleicht ist dies um 22 Uhr, vielleicht
auch eher. Diese Spätmahlzeit ist die
einzige Mahlzeit, bei der man nicht auf
einen genügend großen Zeitabstand zu
achten braucht. Der Zeitpunkt hängt
vielmehr davon ab, wann die Mutter
ins Bett geht. Wenn Du also um 22 Uhr
müde bist, dann versorge Dein Baby
jetzt, selbst wenn die letzte Mahlzeit

1. Stillmahlzeit
»Frühstück«
6 bis 7 Uhr

2. Stillmahlzeit
»Obstpause«
gegen 10 Uhr

3. Stillmahlzeit
»Mittagessen«
um 13 Uhr

4. Stillmahlzeit
»Kaffeetrinken«
15 bis 16 Uhr

5. Stillmahlzeit
»Abendessen«
um 19 Uhr

6. Stillmahlzeit
»Spätmahlzeit«
vor dem Schlafen

erst zweieinhalb Stunden her ist. Wenn das Baby gerade schläft, wecke es und stille es so ausgiebig wie möglich. Danach schließt sich keine lange Wachphase mehr an, sondern Du legst Dein Baby direkt wieder ins Bettchen. Wenn es nun einschläft und sieben Stunden am Stück schläft, kannst Du diese Zeit auch selbst zum Schlafen nutzen. (Viele Kinder schlafen durchaus schon einige Stunden am Stück, aber wenn sie das ab 18 Uhr tun, ist die Nacht der Eltern trotzdem unterbrochen.)

Nach diesem Rhythmus kommst Du auf sechs Stillmahlzeiten am Tag (fünf Mahlzeiten tagsüber plus eine Spätmahlzeit zu Beginn der Nacht). Bevor das Baby durchschläft, kommt noch eine siebte Mahlzeit (ganz am Anfang vielleicht auch noch eine achte) irgendwann im Lauf der Nacht dazu. Wenn Du Dein Baby nachts stillst, brauchst Du es nicht zu wickeln (eine Ausnahme ist natürlich, wenn Stuhlgang in der Windel ist oder die Haut sehr gereizt ist). Du solltest auch kein Licht anmachen, irgendwie mit dem Kind spielen oder das Stillen unnötig lange ausdehnen. Das Baby soll lernen, dass die Nacht wirklich Nacht ist. Die Gelegenheit zu einem ordentlichen »Bäuerchen« muss es aber trotzdem bekommen – es nützt nichts, wenn das Kind an der Brust einschläft und die nächsten Stunden unruhig ist, weil es nicht richtig aufgestoßen hat. Selbst wenn das Baby um 4:30 Uhr getrunken hat, würde ich Dir raten, es morgens zwischen 6 und 7 Uhr (oder wann immer Eure Zeit für die erste Morgenmahlzeit ist) wieder

> Das Baby soll lernen, dass die Nacht wirklich Nacht ist.

zu wecken. Es soll sich an diesen Zeitpunkt als gleichbleibenden Start in den Tag gewöhnen.

Am Wochenende genießt man es ja meistens, dass man etwas länger schlafen kann. Das Baby wird wahrscheinlich trotzdem zur »einprogrammierten« Uhrzeit am frühen Morgen aufwachen. Du kannst es versorgen und es dann mit einem Spielzeug, einer Lieder-CD oder einer anderen Beschäftigung wieder in sein Bettchen legen oder die Wiege ans Fenster stellen. Oft habe ich am Wochenende danach noch einmal richtig tief geschlafen, und der Rhythmus des Kindes konnte trotzdem gleich bleiben. Wenn die Versorgungszeiten aus irgendeinem Grund durcheinandergeraten sind, zum Beispiel durch eine längere Autofahrt, eine Krankheit oder einen Termin, ist das Ziel immer, so schnell wie möglich wieder zum Grundmuster zurückzukommen.

Zu einer Versorgungseinheit gehören Stillen und Wickeln. Grundsätzlich kann man vor oder nach der Mahlzeit die Windel wechseln, da aber viele Kinder während des Stillens Stuhlgang haben, kann es doppelte Arbeit bedeuten, wenn Du immer vorher wickelst. Wenn das Kind aber schon vor dem Zeitpunkt der Mahlzeit quengelig ist, kann man durch vorheriges Wickeln noch etwas Zeit gewinnen. Baden sollte man das Baby grundsätzlich vor dem Stillen – wir Erwachsenen gehen ja auch nicht mit vollem Bauch ins Wasser. »Wir sind in Eurer Mitte zart gewesen, wie eine stillende Mutter ihre Kinder pflegt«, schreibt Paulus an die Thessalonicher (1. Thessalonicher 2,7 [revidierte Elberfelder]). Die Versorgungszeiten bedeuten so viel mehr, als sich nur um die körperlichen Bedürfnisse des Kindes zu kümmern! Du solltest dabei mit Deinem Baby liebevoll sprechen, kannst es massieren, mit ihm lachen, ihm etwas vor-singen, laut beten, zärtlich sein und all die tausend Dinge tun, die eine Mutter gerne mit ihrem Säugling tut. Jedes Entwicklungs-stadium ist kurz, daher genieße jede Phase! Schon zwei Wochen später wird die Art der Kommunikation beim Versorgen anders sein. Vielleicht wird Dich Dein Baby jetzt schon anlachen, eine Bewegung nachahmen oder nach Deinen Fingern greifen. Viel-leicht sind schon kleine »Unterhaltungen« möglich, wo Du mit Deinem Baby »redest«, während es Dich ganz konzentriert an-schaut und tatsächlich zu versuchen scheint, Dir etwas mitzu-teilen. Ein kleines Menschenkind ist so ein Wunder, und es ist ein großes Privileg, das erwachende Leben beobachten und pflegen zu dürfen! Im ersten Lebensjahr kannst Du Deinem Kind bei seiner Entwick-lung förmlich zuschauen. Verpasse es daher nicht, diese einmalige Zeit in vollen Zügen zu genießen. Dein Kind wird mit jedem Tag etwas aufmerksamer werden und auch im-mer genauer wahrnehmen, wie Du mit ihm umgehst und was in Eurer Familie sonst noch läuft.

Jedes Entwicklungs-stadium ist kurz, daher genieße jede Phase!

Wenn Dein Kind drei bis vier Monate alt ist, braucht es keine sechs oder mehr Mahlzeiten mehr – Du wirst merken, dass die Trinkmenge pro Mahlzeit und die Zeitabstände zwischen den Mahlzeiten größer werden. Bei Flaschenkindern sind jetzt vier bis fünf Mahlzeiten in einem 4-Stunden-Rhythmus ausreichend, z. B. um 7 Uhr, 11 Uhr, 15 Uhr und 19 Uhr (und eventuell noch eine fünfte Mahlzeit um 22 Uhr). Manche stillenden Mütter haben den Eindruck, dass stillfreie Phasen von über zehn Stunden in der Nacht und über vier Stunden am Tag zu lang für sie seien. Allerdings kann sich der Körper an fast jeden Rhythmus gewöhnen, und viele Mütter stillen auch mit diesen großen Zeitabständen erfolgreich. Mir passten fünf Mahlzeiten über den Tag verteilt immer gut, weil die älteren Geschwisterkinder ja auch fünf Mahlzeiten am Tag bekamen (drei Hauptmahlzeiten und zwei kleine Zwischenmahlzeiten). Allerdings kann jetzt für das Baby die Spätmahlzeit wegfallen, wozu Du einfach den Zeitpunkt der Abendmahlzeit allmählich nach hinten verschiebst. Keine Sorge: Die fehlende Milchmenge holt sich Dein Kind bei den anderen Mahlzeiten. Wenn das Baby aber nachts noch nicht durchschläft, hat es keinen Sinn, die Spätmahlzeit bereits wegfallen zu lassen. Über das Durchschlafen werden wir im nächsten Kapitel nachdenken.

Wie lange Du die Zeitabstände zwischen den Mahlzeiten strecken oder ob Du unkompliziert einzelne Mahlzeiten ersetzen kannst, hängt auch von Deiner Brust ab. Zu Beginn des Stillens spannt die Brust sehr, wenn die Zeit für die nächste Mahlzeit gekommen ist. Vielleicht wirst Du sogar in den ersten Nächten, in denen Dein Säugling durchschläft, deswegen selbst aufwachen! Wenn es Dir so geht, solltest Du nur etwas Milch ausstreichen, bis das Spannungsgefühl nachlässt. Denn wenn Du jetzt Milch abpumpst, kommt das Gleichgewicht zwischen Angebot und Nachfrage durcheinander und die Brust produziert weiter Milch, die aber nicht benötigt wird, was wiederum das Spannungsgefühl verstärkt. Wenn die ersten Wochen vorüber sind, wird alles rund um das Stillen viel unkomplizierter, ein Milchstau tritt nicht mehr so leicht auf, und eine Stillmahlzeit mehr oder weniger wird Deiner Brust nichts ausmachen.

Was macht man, wenn die Versorgungszeit naht, aber das Kind noch tief und fest schläft? Die unverhoffte Ruhe nutzen? Das ist zwar in diesem Moment verlockend, aber langfristig nicht hilfreich. Ich würde das Kind zwar noch einen Moment länger schlafen lassen, aber es dann doch sanft wecken, damit sein Rhythmus nicht durcheinanderkommt. Die sehr langen Schlafphasen gehören in die Nacht und nicht in den Tag! Herausfordernder ist natürlich der umgekehrte Fall, wenn das Baby schon weint, bevor es wieder dran ist. In diesen Fällen habe ich immer versucht, es abzulenken und die Zeit noch etwas zu strecken. Oft hilft es, spazieren zu gehen, das Baby umherzutragen, ihm einen Schnuller zu geben oder es, wenn noch sehr viel Zeit bis zur nächsten Stillmahlzeit ist, etwas weinen zu lassen, damit es wieder einschläft. Wenn es gar nicht anders geht, kann das Kind auch mal nach gut zwei Stunden wieder trinken, aber unter diesen Abstand sollte man nicht gehen. Wenn das Baby allerdings dauerhaft vor den Mahlzeiten weint, kann es sein, dass es Hunger hat, weil es zu wenige Kalorien bekommt. Vielleicht ist es jetzt Zeit für die Beikost (darauf kommen wir im nächsten Abschnitt zu sprechen) oder Dein Baby hat einen Wachstumsschub, während dessen es vielleicht für einige Tage eine weitere Mahlzeit benötigt. Aber es kann auch sein, dass Du zu viel Stress hast, Dir nicht genug Ruhe zum Stillen nimmst oder das Kind nicht richtig anlegst. Wenn Dein Baby aber gut getrunken hat, kann es drei bis vier Stunden bis zur nächsten Mahlzeit aushalten und weint wahrscheinlich nicht aus Hunger, sondern aus irgendeinem anderen Grund.

Natürlich kann hinter dem Schreien auch ein gesundheitliches Problem stecken, aber das Schreien ist dann anders als sonst. (Ungewöhnliches, hohes und schrilles Schreien erfordert auf jeden Fall eine sofortige Reaktion!) Hier ist auch ein Kinderarzt auf die Auskünfte der Mutter angewiesen, denn jedes Baby schreit anders, und nur jemand, der es gut kennt, kann unterscheiden, ob es ein »Schmerz-Schreien« oder ein »Alltags-Schreien« ist und ob das Baby dabei wesensverändert ist. Viele Mütter denken heute, ein Baby dürfe nie schreien, und wenn es schreit, hätten sie auf jeden Fall etwas falsch gemacht. Wenn Du Dein weinendes Kind immer sofort anlegst, entwickelst Du gar kein Gespür dafür, was seine normalen »Schrei-Muster« sind und aus welchem Grund es jetzt weinen könnte. Womöglich ist das Füttern in dieser Situation sogar kontraproduktiv (wenn zum Beispiel Verdauungsbeschwerden der Grund sind). Ein Baby weint natürlich, wenn es Hunger hat, aber es weint auch aus vielen anderen Gründen: Langeweile, Trotz, Frust (weil es etwas machen will, was es noch nicht kann), Müdigkeit, weil es sich wehgetan hat, wegen einer vollen Windel, eines Zahndurchbruchs oder einer Kolik (da kann es das Beste sein, sein Baby auf dem Unterarm bäuchlings gelagert umherzutragen). Es geht in keinem Fall darum, ein Baby unkontrolliert stundenlang weinen zu lassen. Das wäre wirklich lieblos. Aber es

Ein Baby weint natürlich, wenn es Hunger hat, aber es weint auch aus vielen anderen Gründen: Trotz, Frust, Langeweile, Müdigkeit, wegen einer vollen Windel, eines Zahndurchbruchs, …

geht darum, sich erst einmal ruhig zu fragen, was der Grund des Schreiens ist, und dann angemessen darauf zu reagieren. Milch ist nicht die Lösung für jedes Problem! Wenn Du hörst, dass das Schreien kein »Notfall-Schreien« ist, dann warte doch einmal kurz – nicht selten beruhigt sich auch ein Kind von alleine nach kurzer Zeit wieder.

Es gibt Babys, die einfach überproportional viel schreien; man sagt, dass etwa zehn Prozent der Kinder zu diesen »Schreibabys« gehören. Solche Kinder können die Nerven ihrer Umgebung extrem auf die Probe stellen! Natürlich wirst Du mögliche Ursachen medizinisch abklären lassen. Sehr oft bekommen die verzweifelten Eltern gesagt, ihr Baby leide an Dreimonatskoliken. Ob zu viel Luft im Darm die Ursache oder die Folge des Schreiens ist oder doch die Gründe ganz woanders liegen (übermäßige Luftansammmlungen im Bauch waren in Studien bei Schreibabys jedenfalls nicht feststellbar), ist unklar. Letztendlich weiß man einfach nicht, warum manche Säuglinge mehr schreien als andere. Doch solche Babys profitieren besonders von einem geregelten und ruhigen Tagesablauf, einem gesunden Stillrhythmus und viel Körperkontakt zur Mutter. Letztendlich muss man selbst ausprobieren, was dem Kind darüber hinaus hilft und was nicht. Manche Mütter haben mit dem Gebrauch eines Tragetuchs oder regelmäßigen Bauchmassagen Erfolg, andere ha-

Wenn Dein Kind zu den »Viel-Schreiern« gehört, versuche, so gelassen wie möglich zu bleiben, und hol Dir Hilfe für die Schreistunden, bevor Du völlig verzweifelst.

ben die Erfahrung gemacht, dass bei schlimmen Schreiattacken Staubsaugen, eine Federwiege oder eine Autofahrt helfen. Wenn Dein Kind zu den »Viel-Schreiern« gehört, versuche, so gelassen wie möglich zu bleiben, und hol Dir Hilfe für die Schreistunden (oft am frühen Abend), bevor Du völlig verzweifelst. Ein Trost ist, dass mit drei, spätestens vier Monaten bei den allermeisten Babys der »Spuk« vorbei ist – auch ohne unseriöse alternativmedizinische Maßnahmen, komplette Ernährungsumstellung, tiefenpsychologische Gesprächsrunden über innere Blockaden oder was einem in so einer Situation sonst noch angeboten werden mag.

Beikost

Irgendwann raubt das Stillen der Mutter nur unnötige Zeit und Energie und hat keinen Vorteil für das Kind mehr. Mit ungefähr einem halben Jahr wird daher die Beikost eingeführt. Zwar bekommt man überall Gläschen mit der Aufschrift »Ab dem 4. Lebensmonat« zum Kauf angeboten, die den Eindruck erwecken, dass man jetzt schon unbedingt zufüttern müsste. Doch das ist wohl eher im Interesse der Babynahrungshersteller als im Interesse des Säuglings. Es spricht nichts dagegen, so lange mit dem Stillen fortzufahren, wie Mutter und Kind damit zufrieden sind – in den meisten Kulturen ist dies länger gewesen als nur ein halbes Jahr. Doch irgendwann will das Kind auch feste Nahrung zu sich nehmen, und die Nährstoffe der Muttermilch allein sind dann nicht mehr ausreichend.

Manche Mamas haben Probleme, beim Stillen den Absprung zu schaffen, weil ihr Kind immer noch sehr nach der Brust verlangt. Je elterngelenkter die ganze Versorgung bis jetzt war, desto unkomplizierter wird auch das Abstillen klappen. Natürlich sollte dies nach und nach und nicht plötzlich geschehen. In der Regel fängt das Zufüttern mit der Mittagsmahlzeit an, ein Möhren-Kartoffel-Brei hat sich in unseren Breitengraden bewährt. Wenn das Kind noch gar nichts mit dem Essen vom Löffel anfangen kann und der Brei einfach nicht da landen will, wo er hingehört, warte einfach noch mal eine Woche – vielleicht geht es dann schon besser. Wenn der erste Brei gut vertragen wird, können weitere Lebensmittel eingeführt werden. Du kannst viel Geld sparen, wenn Du den Gemüsebrei selbst zubereitest und eventuell portionsweise einfrierst (zum Beispiel in großen Eiswürfelbehältern). Doch für unterwegs sind gekaufte Gläschen unschlagbar praktisch. Die Abendmahlzeit kann durch einen Milch-Getreide-Brei mit Obst ersetzt werden, die Nachmittagsmahlzeit durch eine Obst-Mahlzeit. Weil die Essensmengen noch recht klein sind, ist es besonders wichtig, auf nährstoffreiche und gesunde Nahrung zu achten. Das Kind muss jetzt neben den Mahlzeiten ausreichend trinken, am besten Wasser oder ungesüßten Tee. Dies ist nun auch die Zeit, in der die Kinder es lieben, an harten Brotrinden und Ähnlichem zu kauen.

Viele Mütter finden es schön und praktisch, auch dann noch etwas Milch zum Stillen haben, wenn ein großer Teil der Kalorienaufnahme bereits auf anderen Wegen erfolgt, zum Beispiel für das gemütliche morgendliche Stillen, einen »Imbiss« für unterwegs oder eine zusätzliche Flüssigkeitszufuhr in Krankheitsphasen. Wenn Du Dein Baby neben den Breimahlzeiten weiterhin stillst, achte darauf, dass Du noch mindestens zwei Stillmahlzeiten über den Tag verteilst, damit die Brust weiter ausreichend Milch bildet. Viele Frauen versuchen auch, ungefähr bis zum Ende des ersten Lebensjahres noch teilweise weiterzustillen, damit ihr Kind dann direkt Kuhmilch trinken kann und keine Pulvermilch mehr nötig ist. Ich habe, als unsere Kinder älter als sechs Monate waren, die letzte Stillmahlzeit vor der Nacht durch ein Fläschchen mit Folgemilch ersetzt. Dies war manchmal eine Hilfe, wenn das Durchschlafen nach einigen Monaten plötzlich wieder nicht mehr klappte: Anscheinend war eine reine Stillmahlzeit für die Nacht zur Sättigung nicht mehr ausreichend. Manche vollgestillten Kinder tun sich allerdings mit dem Trinken aus dem Fläschchen schwer und lernen, direkt aus einem Schnabelbecher zu trinken. Auch wenn das Kind bereits ganz abgestillt ist, sollte es noch mindestens bis zum ersten Geburtstag ein bis zwei Milchmahlzeiten am Tag bekommen. Es wird allerdings davon abgeraten, ein Kind sehr lange über das erste Lebensjahr hinaus Fläschchen trinken zu lassen, weil dies das Risiko für Karies und Übergewicht erhöht. Wenn zwei- oder dreijährige Kinder noch immer mit einem Fläschchen durch die Gegend laufen, ist das eine wirklich unschöne Angewohnheit. (Einem Zweijährigen aber noch ein ungesüßtes Fläschchen vor dem Einschlafen zu geben, halte ich nicht für problematisch.)

Essen am Familientisch

Ungefähr nach Vollendung des ersten Lebensjahres kann das Kind am Familientisch mitessen und sollte nun drei Haupt- und zwei Zwischenmahlzeiten bekommen. Es beginnt nun die aufregende Zeit mit den klein geschnittenen Brothäppchen, dem versteckten Gemüse unterm Kartoffelbrei und den aufgeweichten, aber dann doch nicht hinuntergeschluckten Fleischstückchen. Es ist eine große Hilfe, wenn das Kind sich, was den Zeitpunkt der Mahlzeiten betrifft, dem Rest der Familie anpasst. Eine Bekannte erzählte, dass sie mit drei kleinen Kindern abends regelmäßig mit den Nerven völlig am Ende sei, weil jedes der Kinder zu einer anderen Uhrzeit sein Abendbrot, den Abendbrei und sein Fläschchen bekommt. Sie konnte in den Abendstunden kaum etwas anderes tun, als nur die jeweilige Mahlzeit zuzubereiten und zu füttern. Mit zu viel Individualismus macht man sich bei mehreren Kindern das Leben nur unnötig schwer!

Ich denke, die meisten Fragen rund ums Essen (ab wann das Kind selber essen darf, ob man einen Trinkbecher oder eine Tasse nimmt, ob das Kind von allem etwas probieren muss oder nicht, ob man mittags oder abends warm isst etc.) kann man nach persönlichem Geschmack entscheiden. Jede Familie is(s)t unterschiedlich, und die jeweiligen Esskulturen und Gewohnheiten sind es auch. Je älter das Kind wird, desto mehr dienen die gemeinsamen Mahlzeiten auch der Pflege der Gemeinschaft und des Austausches. Das Kleinkind darf natürlich nach seinen Möglichkeiten daran teilnehmen, sollte aber lernen, dass es Zeiten am Tisch gibt, in denen sich die Erwachsenen unterhalten und nicht unterbrochen werden möchten. Wenn Besuch kommt und die Mutter mit dem zweijährigen Kind vorher essen muss, weil die Eltern schon wissen, dass man sonst kein ruhiges Wort miteinander wechseln kann, ist das wirklich schade. Oft ist das Essverhalten auch ein Spiegel dafür, wie es sonst mit der Erziehung klappt.

Das Kind lernt zwischen dem ersten und zweiten Lebensjahr, dass die Familie nach dem Gebet gemeinsam mit dem Essen beginnt und dass die Eltern entscheiden, wann die Mahlzeit beendet ist. Das bedeutet, dass jeder im Hochstuhl oder auf seinem Platz sitzen bleibt, bis alle fertig sind. (Manchmal wollen die Erwachsenen noch länger miteinander reden, dann spricht natürlich nichts dagegen, alle Kinder gemeinsam vom Tisch aufstehen zu lassen.) Wenn das Kind einfach den Tisch verlässt, wenn es fertig ist, und dann lautstark im Zimmer spielt oder umherrennt, ist das keine gute Basis für spätere Familienmahlzeiten. Wenn Ihr eine kurze Andacht nach dem Essen macht oder einen Kalenderzettel lest, kann auch das ein- oder zweijährige Kind mit dabei sein (vielleicht auf dem Schoß der Mutter), selbst wenn es noch nicht viel versteht.

> Oft ist das Essverhalten auch ein Spiegel dafür, wie es sonst mit der Erziehung klappt.
>
>

Kein Kind wird als perfekter Esser geboren, und es wird viele umgestoßene Teller und vollgeschmierte Lätzchen brauchen, bis Euer kleiner Schatz einigermaßen vernünftige Tischmanieren gelernt hat. Wie oft wohl stößt bis zur Einschulung ein Kind seinen Trinkbecher oder das Glas versehentlich vom Tisch? Ich denke, bestimmt an die 10000-mal! Hier brauchen alle Mütter Liebe, Geduld und starke Nerven. Doch von Anfang an sollte klar sein, dass Essen kein Spielzeug ist. Tomatensoße in die Haare zu schmieren oder mit den Fingern im Kartoffelbrei herumzumatschen, ist weder lustig noch

Ausdruck einer besonderen Kreativität. Ein Kind kann auch lernen, dass es nur die Sachen auf seinem Teller bekommt und es nicht in alle Schüsseln auf dem Tisch greifen darf. Spielzeug und Bilderbücher gehören selbstverständlich nicht zum Essen. Es ist schon so schwer genug, dass sich ein kleines Kind auf seine Mahlzeit konzentriert (manchmal scheint wirklich alles andere interessanter zu sein!). Natürlich sollten Eltern diese Regel nicht einfordern, wenn sie selbst während des Essens auf ihrem Smartphone herumtippen oder in der Zeitung lesen.

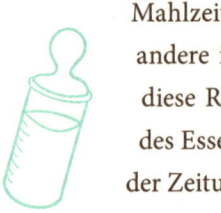

Zum Weiterdenken

Mit welcher inneren Einstellung beginne ich das Stillen?

Wieso hat Gott wohl gerade der Mutter und nicht dem Vater diese Fähigkeit gegeben?

Wie können wir als Ehepaar jetzt die Basis legen für möglichst harmonische und schöne Familienmahlzeiten?

Schlafen

6

»In Frieden werde ich sowohl mich niederlegen als auch schlafen; denn du, HERR, allein lässt mich in Sicherheit wohnen.«

Psalm 4,9

Im ersten Lebensjahr

Der ständige Mangel an Schlaf gehört wohl zu den am häufigsten beklagten Begleitumständen der Säuglingszeit für die frischgebackenen Eltern. Wie schafft man es, dass sowohl das Kind als auch man selbst genügend Schlaf bekommt? Neugeborene schlafen tatsächlich etwa 14 bis 20 Stunden am Tag, in den folgenden Monaten sind es noch immer 12 bis 14 Stunden. Das Schlafbedürfnis ist also von Kind zu Kind unterschiedlich, aber jedes Baby schläft einen großen Teil des Tages. Trotzdem hat man oft das Gefühl, es wäre viel häufiger wach – auf jeden Fall dann, wenn man selbst schlafen möchte! Spätestens wenn der Säugling einige Monate alt ist, merkt man, dass der Tag mit einem ausgeruhten und ausgeschlafenen Kind leichter ist als mit einem müden und quengeligen Kind. Doch wie erreicht man gutes Schlafverhalten? Ist es einfach nur Glückssache, oder haben Eltern einen Einfluss darauf?

Ein gesunder Schlafrhythmus beginnt in den ersten Lebenswochen, und der Schlüssel dazu ist ein geregelter Essens-Rhythmus. Ein Baby, das zu gleichbleibenden Zeiten gefüttert wird, wird viel besser und geregelter schlafen als eines, dessen Tag immer wieder anders aussieht. Wenn Du also mit der Nachtruhe Deines Kindes unzufrieden bist, solltest Du zuerst den Tagesablauf überprüfen. Wird das Kind nach geregelten Zeiten versorgt? Hat es ausreichend Bewegung und frische Luft? Schläft es tagsüber nicht zu lang? Legst Du das Baby hin, wenn es müde ist, und lässt es nicht »überdrehen«? Hatte es tagsüber ausreichend Zeit zum Kuscheln mit Dir? Eine Mutter von mehreren Kindern beschrieb mir ihren Eindruck, dass ihr jüngstes Kind nur deshalb nachts noch so lange nach ihr verlangte, weil es nur dann einmal die Mama ganz für sich alleine hatte.

Eine große Rolle spielt sicherlich die Gestaltung des Abends: So turbulent der Tag auch war, er sollte doch möglichst friedlich beschlossen werden. Auch für einen Säugling ist ein gleichbleibendes Abendritual hilfreich, zum Beispiel: erst stillen, wickeln und Schlafanzug anziehen, dann ins Bettchen legen und beten, ein Gute-Nacht-Lied singen, zum Schluss eine Spieluhr aufziehen. Wichtig ist, das Baby wach in seinem Bett zurückzulassen, damit es allein einschlafen kann. Natürlich wird es auch mal vorkommen, dass das Kind an der Brust oder mit dem Fläschchen so tief eingeschlafen ist, dass man es nicht noch einmal wecken mag (manche sprechen scherzhaft von der »Stillnarkose«). Aber das Normale sollte sein, dass das Baby wach zum Schlafen hingelegt wird. Das ist wirklich ein Schlüssel dafür, später weniger Probleme mit dem Ein- und Durchschlafen zu haben.

Mir hat die Beobachtung aus einem Buch sehr geholfen, dass viele Babys vor dem Einschlafen für einige Minuten weinen. Das bedeutet nicht, dass ihnen etwas fehlen würde, sondern es gehört einfach zu ihrer persönlichen Art einzuschlafen. Mit der Zeit wirst Du hören, ob das

gleichbleibendes
Abendritual (Beispiel):

stillen & wickeln
Schlafanzug anziehen
ins Bettchen legen
beten & Gute-Nacht-Lied
Spieluhr aufziehen

♥

Quengeln Deines Babys das normale »Ich-schlafe-in-10-Minu-ten-ein«-Weinen ist oder ob es Deine Hilfe braucht, weil vielleicht ein Ärmchen zwischen den Gitterstäben eingeklemmt ist oder die Windel noch mal voll ist. Manchmal hilft es auch, das Baby einmal komplett aus- und sofort wie-der anzuziehen – vielleicht ist das Unbehagen von einer Falte im Body ausgelöst worden.

In der Zeit, wo ein Baby sich leicht auf dem Arm in den Schlaf wiegen lässt, ist die Versuchung groß, es immer so zu handhaben. Es ist einfach so schön zu sehen, wie der Atem langsam ruhiger wird, das Baby die Augen schließt, irgendwann der Kopf zur Seite fällt und der kleine Schatz friedlich wegge-dämmert ist. Für gewöhnlich kann man ein junges Baby dann auch noch vorsichtig ins Bettchen legen, ohne dass es aufwacht. Aber das funktioniert nur in den ersten Wochen so leicht! Später wird das Kind beim Hinlegen leicht wieder aufwachen und will dann weiter umhergetragen werden, bis es erneut einschläft. Es ist nicht zu glauben, wie schwer nach einer Weile schon ein vier Monate altes Kind auf dem Arm werden kann!

Eine liebe Freundin von mir hat ihren neugeborenen Sohn im-mer genau auf diese Weise zum Schlafen gebracht. Das Problem war nur, dass er es auch noch genauso haben wollte, als er schon über ein Jahr alt und inzwischen ein wirklich schwerer Kerl ge-worden war. Dazu kam noch, dass er nachts öfter aufwachte und dann jedes Mal so lange schrie, bis sie ihn auf den Arm nahm und mit ihm im Zimmer auf und ab ging. Dann musste sie ihn ganz vorsichtig hinlegen und auf Zehenspitzen aus dem Zimmer schleichen, in der Hoffnung, dass er nicht wieder wach wird und die ganze Prozedur von vorne losgeht. Du kannst Dir vorstellen, dass dieses Jahr für die Mutter sehr anstrengend war – und der Gedanke an ein zweites Kind meilenweit weg! Die niedrigen Kinderzahlen unserer Tage haben sicherlich viele Gründe. Einer davon könnte sein, dass das erste Lebensjahr körperlich und nervlich von vielen Eltern als so anstrengend empfunden wird, dass sie bis zum nächsten Kind eine längere Pause brauchen oder sich sogar gar kein weiteres Kind mehr zutrauen. So leicht kommt man aus so einer komplizierten Einschlaf-Nummer auch nicht mehr heraus. Viel leichter, als einem Einjährigen das Herumgetragenwerden abzugewöhnen, ist, einen jungen Säugling von Anfang an wach in sein Bett zu legen und ihm so ganz selbstverständlich beizubringen, dass er ohne fremde Hilfe einschlafen kann. Selbstständiges Einschlafen erleichtert auch das Durchschlafen, denn wenn das Kind mal nachts aufwacht (alle Kinder tun das), braucht es normalerweise nicht die Hilfe der Eltern, um wieder in den Schlaf zu finden.

Säuglinge gewöhnen sich einfach leicht an eine bestimmte Methode einzuschlafen. In Mütterforen oder Zeitschriften kann man die erstaunlichsten Dinge lesen, die sie dafür einfordern: Dass sich der 1,90 Meter große Vater mit ins Babybett quetscht. Dass ein Föhn über der Wiege hängt und pustet. Dass der Staubsauger läuft. Dass die Mutter das Kind herumträgt und dabei singt. Oder dass ein Elternteil dem Baby die ganze Zeit auf den Rücken klopft, ihm das Händchen hält und vieles mehr. Das alles hat letztendlich selbst gemachte Probleme zur Folge, weil man diese Rituale nicht auf Dauer beibehalten kann, das Kind aber ohne sie einfach nicht einschläft. Mache Dir klar: Dein Baby kann lernen, sich selber zu beruhigen und ohne fremde Hilfe einzuschlafen. Jedes unserer Kinder hat seine eigene Methode dafür entwickelt: Eine Tochter liegt immer auf dem Bauch, winkelt die Beine an wie ein kleiner Frosch und wiegt sich beim Einschlafen hin und her. Das Ganze sieht äußerst unbequem aus, aber sie hat sich diese Einschlafhaltung angewöhnt, als sie einige Monate alt war, und anscheinend hat sie sich bestens bewährt. Eine andere liebte als Säugling ihren Schlafsack, dessen eine Ecke in einer besonderen Weise um den Finger geschlungen und unter die Wange gelegt wurde. Manche Kinder brabbeln auch einfach noch lange Zeit im Bett, bis sie irgendwann mitten im Erzählen plötzlich wegdämmern. Viele nehmen einen Schnuller oder ihr Däumchen, um sich zu beruhigen. Manche treten mit dem Füßchen gegen das Bettende, weil sie das konstante Geräusch beruhigend finden, oder rekeln sich auf eine bestimmte Art und Weise. Was auch immer sich Dein Baby ausdenken wird: Es wird Wege finden, alleine einzuschlafen. Es hat die Fähigkeit – wenn auch noch begrenzt –, sich selbst zu beruhigen. Wenn Du Deinem Kind aber ein Einschlafritual angewöhnst, das Du nicht auf Dauer beibehalten kannst oder möchtest, machst Du Euch beiden das Leben nur unnötig schwer.

Wenn das Baby also abends aus Leibeskräften schreit, warte erst einmal ab, ob es sich nicht von selbst beruhigt. Natürlich solltest Du wissen, ob etwa ein Problem die Ursache für das Schreien ist, das Du beheben solltest: eine volle Windel, ein harter Gegen-

> Dein Baby wird Wege finden, alleine einzuschlafen. Es hat die Fähigkeit, sich selbst zu beruhigen.

stand, auf dem das Kind vielleicht liegt, etc. Wenn das alles jedoch nicht der Fall sein sollte, kannst Du Dir vornehmen, dass Du erst in einigen Minuten nachsehen wirst. Ein Blick auf die Uhr hilft und objektiviert das Schreiverhalten. Oft hat man als besorgte Mutter nämlich das Gefühl, das Kind hätte stundenlang geweint, dabei waren es tatsächlich nur zehn Minuten. Wenn das Kind sich bis zum festgesetzten Zeitpunkt nicht selbst beruhigt hat, solltest Du es trösten, ein Lied singen, es streicheln, vielleicht kurz umhertragen – aber dann legst Du es wieder wach in sein Bettchen. Auf diese Weise wird es lernen, dass die Mama nicht bei jedem Pieps sofort angesprungen kommt und dass es letztendlich alleine einschlafen muss und auch kann.

Natürlich gibt es Tage, an denen alles anders läuft. Vielleicht ist das Kind kränklich, es war viel Besuch da oder Ihr seid in einer fremden Umgebung. Natürlich wirst Du in dieser Situation Deinem Kind das geben, was es braucht: Vielleicht sind das noch ein paar Gute-Nacht-Lieder mehr als sonst oder das beruhigende Gefühl von Mamas Gegenwart bis zum Einschlafen. Oder Du wirst den Säugling bereits an der Brust einschlafen lassen und dann schlafend in sein Bettchen legen. Besondere Umstände erfordern besondere Maßnahmen, aber es ist wichtig zu wissen, was die Ausnahme und was die Regel ist. Das Ziel sollte immer sein, so schnell wie möglich wieder zur Regel zurückzukehren.

Durchschlafen

Ein gesunder, normalgewichtiger Säugling ist im Alter von sechs bis acht Wochen grundsätzlich in der Lage, in der Nacht acht

Stunden am Stück zu schlafen – manche schlafen zu diesem Zeitpunkt auch schon länger. (Streng genommen schlafen die Kinder diese Stunden nicht ununterbrochen, vielmehr wachen sie mehrmals auf, finden aber selbstständig wieder in den Schlaf zurück.) Wenn Du Dein Baby auf die beschriebene Weise versorgst, machst Du es ihm leicht, die Fähigkeit des Durchschlafens zu erwerben bzw. die notwendige Reife dafür zu erlangen. Wann dies dann das erste Mal klappt, ist von Kind zu Kind unterschiedlich. Es ist ein lohnendes Ziel, dass das Kind bald durchschläft, damit die ganze Familie Kräfte und Nerven behält, aber man kann sich gerade als junge Mutter deswegen auch zu viel Druck machen. Ob das Durchschlafen nun etwas früher oder später klappt, ist sicher nicht das entscheidende Kriterium dafür, ob man eine kompetente Mutter ist. Die Antwort auf die gefürchtete Frage »Und, schläft es schon durch?« ist nicht das Wichtigste, was es zu einem Kind zu sagen gibt. Ein Baby, das vernünftig versorgt wird, wird nicht die Nacht zum Tag machen, selbst wenn es noch eine Weile länger nachts einmal an Deine Brust möchte. Wenn Dich (und Deinen Mann) das nicht besonders anstrengt, brauchst Du deswegen auch kein schlechtes Gewissen zu haben.

Manchmal merkt man aber, dass das Baby von seinem Gewicht und seiner Reife her durchschlafen könnte, aber trotzdem an seiner Nachtmahlzeit festhängt. Bei zweien oder dreien unserer Kinder war das der Fall. Wir haben uns dann ein ruhiges

> Ein Baby, das vernünftig versorgt wird, wird nicht die Nacht zum Tag machen.

Wochenende ausgesucht (die ersten Nächte können anstrengend werden!), und ich habe dann das Baby, als es nachts trinken wollte, nicht gestillt, sondern weinen lassen. Natürlich sind wir zwischendurch in sein Zimmer gegangen, haben unser Kind versucht zu beruhigen und ihm einen Schnuller gegeben, ich habe es aber nicht angelegt. Mir hat der Gedanke geholfen, dass ich jetzt keine herzlose Mutter bin, sondern meinem Kind helfe, eine wichtige Fähigkeit zu erwerben, nämlich die Fähigkeit, eine ganze Nacht lang zu schlafen. Nach drei, höchstens vier Nächten war dies dann auch tatsächlich der Fall. Ohne diesen »Schubs« von unserer Seite wären die Kinder wahrscheinlich noch einige Zeit länger nachts aufgewacht. Heute können sie sich nicht mehr an diese wenigen Nächte erinnern, und das kurzfristige Schreien hat sich durch nachfolgende ruhige Nächte und ausgeschlafene Eltern mehr als bezahlt gemacht. Denke daran: Ein Säugling lernt das Durchschlafen im Alter von zwei oder drei Monaten besser als mit einem halben Jahr oder einem Jahr, wo bereits ganz andere Energien vorhanden sind und die Schreizeiten länger und für alle Beteiligten anstrengender sein werden.

Ein Säugling lernt das Durchschlafen im Alter von zwei oder drei Monaten besser als mit einem halben Jahr oder einem Jahr.

Nach dieser »goldenen Nacht«, wo Du Dir morgens verdutzt die Augen reibst und feststellst, dass Du tatsächlich acht Stunden am Stück geschlafen hast, wird es wahrscheinlich trotzdem noch einige Male vorkommen, dass Dein Baby nachts plötzlich aufwacht und lautstark schreit. (Wenn Leute Dir erzählen, dass ihre Kinder früher mit fünf Wochen durchgeschlafen haben und dann alle nachfolgenden Nächte völlig problemlos waren, haben sie wahrscheinlich nur ein schlechtes Gedächtnis!) So wichtig ein elterngelenkter Schlafrhythmus auch ist, brauchst Du Dich nicht der falschen Hoffnung hinzugeben, dass sich damit jedes Problem vermeiden ließe. Du machst nicht unbedingt etwas falsch, wenn es mal wieder einige anstrengende Nächte gibt (vor allem bei Ortswechseln, Stress in der Familie, Urlaub, Krankheit etc.). Hin und wieder müde zu sein, gehört ein Stück weit zu dieser Lebensphase. Aber mit einem vernünftigen Rhythmus brauchst Du sicherlich nicht über Wochen am Rande Deiner Kräfte zu sein – wie heutzutage viele Mütter, die ihren Säugling rund um die Uhr nach Bedarf essen und schlafen lassen.

Nicht immer ist die Wohnung groß genug, dass das Baby sein eigenes Zimmer haben kann. Wenn es sowieso noch nachts aufwacht, ist es auch praktisch, wenn die Wege nicht weit sind. Allerdings ist es unglaublich, was manche Babys im Schlaf für Geräusche machen! Die eigene Schlafqualität kann dadurch wirklich beeinträchtigt werden. Oft werden Babys schon eine halbe Stunde bevor sie tatsächlich aufwachen und weinen, unruhig, wälzen sich hin und her, lutschen an ihrer Faust, dösen wieder ein, wachen wieder auf usw. Dieses ganze »Vorprogramm« wollten wir uns ersparen und haben daher den Stubenwagen mit unserem kleinen Schatz immer in den Flur oder das Wohnzimmer geschoben, wenn wir selbst ins Bett gegangen sind. Erst in der zweiten Nachthälfte nach dem Stillen war das Kind dann bei uns. Manche

Mamas machen sich Sorgen, dass sie – wenn das Baby nicht im selben Zimmer ist – es verpassen würden, wenn ihr Baby nachts weint. Keine Sorge – wenn Dein Baby wirklich schreit, hörst Du es! Vielleicht verschläfst Du sogar ein lautes Gewitter, obwohl Du kurze Zeit später durch das Weinen Deines Babys hellwach bist. Wir sind als Mütter einfach auf wundersame Weise auf das Schreien unseres eigenen Säuglings gepolt.

Manche jungen Mamas, die zum Stillen ihres Kindes aufstehen müssen, haben die Vorstellung, dass ihr Mann dann auch wach zu sein hätte. So nach dem Motto: »Wenn ich schon nicht durchschlafen kann, dann darf er das auch nicht!« Dann müssen die Papas nachts aufstehen, das Baby holen und ihrer Frau an die Brust legen. Aber Du kannst Dich wahrscheinlich tagsüber noch einmal hinlegen, während Dein Mann auf der Arbeit das nicht kann. Es nützt nichts, wenn ihr beide übermüdet seid. Natürlich ist es schön, wenn der Papa auch mal nachts seiner Frau unter die Arme greift. Vielleicht muss man sich in harten Zeiten manchmal mit der Versorgung abwechseln, damit jeder seinen Schlaf bekommt. Manchmal, wenn ich wirklich müde war und ein Baby nachts weinte, ich die nächste Mahlzeit aber noch etwas hinauszögern wollte, war mein Mann die letzte Rettung: Ich weckte ihn, er legte dann den Säugling in Bauchlage auf seine Brust und ließ ihn an seinem kleinen Finger lutschen. Er ist meistens sofort wieder eingeschlafen und das Baby zu meinem Erstaunen gleich mit! Aber ich meine, dass es im Regelfall, wenn der Mann tagsüber nicht frei hat, es doch die Aufgabe der Mutter ist, in der Nacht aufzustehen und ihren Säugling zu versorgen.

Noch ein Hinweis zum Schluss: Mach doch aus Deinem Wunsch, dass Dein Baby endlich durchschläft, ein Gebetsanliegen. Ich bin immer wieder überrascht, wie schnell sich die kleineren und größeren Probleme des Alltags lösen, wenn man erst einmal dafür gebetet hat.

Schlafhaltung

Aufgrund der Statistiken zum plötzlichen Kindstod wird heute vom Schlafen in der Bauchlage abgeraten – obwohl viele Babys auf dem Bauch ruhiger schlafen als auf dem Rücken (unsere Kinder waren fast alle »Bauchschläfer«). Man kennt nicht die Ursache dieses traurigen Ereignisses, kann aber Risikofaktoren dafür benennen. Die größten davon sind neben der Bauchlage (vor allem auf zu weichem Untergrund) eine Frühgeburt und ein geringes Geburtsgewicht des Kindes, Überwärmung, Rauchen der Eltern und Drogenabhängigkeit der Mutter. Übrigens haben gestillte Kinder gegenüber nichtgestillten ein deutlich erniedrigtes Risiko, am plötzlichen Kindstod zu sterben. Wenn Du Dein Baby zum Schlafen auf den Rücken legst, solltest Du in den Wachphasen unbedingt auf eine vermehrte Bauch- und Seitenlagerung achten. Ein waches Kind gehört so oft wie möglich auf den Bauch, und zwar von Anfang an, denn oft wird diese Lage sonst später nicht mehr akzeptiert. Leider hat eine größer werdende Zahl von Säuglingen eine schwache Halsmuskulatur, weil die Eltern aufgrund übermäßiger Sorge ihr Kind auch tagsüber nur auf den Rücken legen oder mehrere Male nachts aufstehen, um es wieder zurückzudrehen. Eine ausgewogene Lagerung aber ist für die motorische

Entwicklung wichtig, und gerade in der Bauchlage üben Kinder, ihren Kopf zu halten und in die Krabbelposition zu gehen. Manche Hinterköpfe von Säuglingen, die nur auf dem Rücken liegen, sind so platt, dass neben kosmetischen auch medizinische Probleme auftreten und in schweren Fällen aufwendige Helmtherapien nötig sind. Achte auch darauf, dass Dein Kind keine »Lieblingsseite« entwickelt, was zu verschiedenen Folgeproblemen führen kann. Es ist daher ein guter Rat, sein Kind bewusst sowohl über die rechte als auch über die linke Seite gedreht hochzunehmen, nicht immer nur von einer Seite ans Bettchen zu gehen und es auch mal mit dem Kopf zum Fußende hin hinzulegen.

Sehr schreckhafte Säuglinge schlafen in den ersten Wochen manchmal besser, wenn man sie nachts »puckt«, das heißt sie fest in ein Tuch wickelt. Die Beine sollten sich aber noch bewegen können, und das gepuckte Kind darf nur auf den Rücken gelegt werden. Außerdem sollte man darauf achten, dass das Kind nicht überwärmt. Wenn ein Baby nicht auffällig viel schreit, ist »Pucken« unnötig, aber manchen Eltern von Schreibabys hat es schon sehr geholfen.

Regelmäßige Schlafphasen tagsüber sind wichtig, weil ein Säugling noch nicht genug Energie hat, sehr lange am Stück wach zu sein, und es den Schlaf für eine gute körperliche und emotionale Entwicklung braucht. Wenn Du Dein Kind gestillt und gewickelt hast, es danach einige Zeit aufmerksam und wach war und dann erste Anzeichen von Schläfrigkeit zeigt (zum Beispiel gähnen, an der Hand lutschen, Grimassen schneiden oder häufig auch quengeln), ist es an der Zeit, es wieder hinzulegen. Auch wenn Du mehr Lust hättest, es stolz dem Besuch vorzuführen, der gleich kommen wird – lass Dein Baby schlafen. Die Schlafphasen tagsüber richten sich an den Essenszeiten aus und sind daher auch ziemlich vorhersehbar (essen – wach sein – schlafen). Wenn ein Baby Geschwisterkinder hat, ist es oft daran gewöhnt, bei einem erstaunlich hohen Lärmpegel in der Wohnung in seinem Stubenwagen ruhig zu schlafen. Absolute Stille dagegen mögen viele Babys nicht – im Mutterleib ist es ja auch durch die Darmgeräusche der Mutter, ihren Herzschlag und die Geräusche von außen nie komplett still gewesen. Schon in der Schwangerschaft hat Dein Kind sich an die verschiedenen Geräusche Eures Haushalts gewöhnt, zum Beispiel ans Staubsagen oder Klavierspielen. Ein gewisser Lärm im Hintergrund, insbesondere monotone Geräusche, scheinen das Einschlafen daher zu erleichtern. Wenn ein Kind quengelig aufwacht, ist es oft einfach noch müde, und man kann versuchen, es hinzulegen und wieder einschlafen zu lassen. Wenn ein Baby dagegen fröhlich aufwacht und munter vor sich hin brabbelt, war sein Schlaf erholsam und ausreichend.

Im zweiten Lebensjahr

Wenn Dein Kind zwischen 9 Monaten und 1,5 Jahren alt ist, wird es in der Regel tagsüber noch mindestens zwei Schlafphasen haben. Danach ist oft nur noch der Mittagsschlaf notwendig. Um Deiner selbst willen würde ich Dir raten, in jedem Fall auf diesen regelmäßigen Mittagsschlaf zu achten und ihn unter allen

Umständen zu einer Zeit, die Dir gut passt, beizubehalten. Ich habe über viele Jahre lang jeden Mittag geschlafen, und alle unsere Kinder haben sich von klein auf an diese Zeit gewöhnt. Wenn sich vielleicht irgendwann ein Geschwisterchen anmeldet und Du in der Schwangerschaft müde bist, wirst Du heilfroh sein, dass Du mittags schlafen kannst. Wenn Dein Kind irgendwann keinen Mittagsschlaf mehr braucht (zwischen drei und vier Jahren), sollte es trotzdem eine ruhige Zeit in seinem Bett oder Zimmer haben. Das tut dem Kind gut (ein ganzer Tag ohne Ruhepause wird doch sehr lang) und vor allem der Mutter. Wenn Du von Anfang an darauf achtest, wird es bestimmt kein großes Problem werden.

Im zweiten Lebensjahr gewinnt auch das abendliche Zubettgehen mehr an Bedeutung, und Du kannst Dich jetzt auch auf erste Proteste gefasst machen: »Will nicht schlafen!« Grundsätzlich sollten aber die Eltern und nicht das Kind über den Zeitpunkt des Zubettgehens entscheiden. Gehört zum Tagesabschluss ein schöner Moment ungeteilter Aufmerksamkeit zwischen Eltern und Kind, wird vieles leichter. Ein gemeinsames Überlegen »Was war denn alles schön heute?«, ein Abschnitt aus der Kinderbibel, ein Gute-Nacht-Lied und ein gemeinsames Gebet – dieser gleichbleibende Ablauf hilft dem aufgedrehten Wirbelwind, zur Ruhe zu kommen. In der abendlichen Zweisamkeit

> Das Zubettgehen wird viel leichter, wenn zum Tagesabschluss ein schöner Moment ungeteilter Aufmerksamkeit zwischen Eltern und Kind gehört.

bei Dämmerlicht oder im verdunkelten Kinderzimmer entsteht ein einzigartiger »Raum« für Impulse, Gespräche und Lieder. Wahrscheinlich wird diese Zeit in der späteren Kindheit noch intensiver werden, aber ganz sicher ist es wichtig, spätestens im zweiten Lebensjahr das Zubettgehen bewusst zu gestalten.

Von einer Familie hörte ich, dass die Eltern ihr kleines Kind vor dem Einschlafen immer gefragt haben: »Wer hat Dich alles lieb? Der Papa hat Dich lieb, die Mama hat Dich lieb. Genau, die Oma hat Dich auch lieb, und der Opa hat Dich lieb, und …« Diese Liste konnte dann beliebig lang erweitert werden. Doch zum Schluss kam immer: »Der Herr Jesus liebt Dich am allermeisten!« »Jesus – allermeisten« war dann der Satz, den die Eltern ihr Kind vor dem Einschlafen noch länger vor sich hin brabbeln hörten. Sicher gibt es viele ähnliche kleine Traditionen, die das Ins-Bett-bringen zu einem kostbaren Moment machen. Man muss nur einfach irgendwann mit ihnen anfangen.

Der Herr Jesus liebt Dich am allermeisten!

Wenn Euer kleines Ritual vorbei ist, gibt es noch einen Gute-Nacht-Kuss, vielleicht wird ein kleines Nachtlicht eingeschaltet, doch danach solltest Du das Zimmer verlassen. (Kinder haben oft vor dem Schlafen noch mal Durst, und man sollte ihnen besser gleich einen Schluck Wasser anbieten, bevor man später noch mal ins Zimmer muss.) Wenn Kinder nach dem Zubettbringen immer wieder weinen, nach ihren Eltern rufen und das Einschlafen sehr, sehr lange dauert, liegt das meistens daran, dass die Eltern nicht konsequent genug sind und die Kleinen schon wissen, dass sie die wirkliche Schlafenszeit durch alle möglichen Tricks weiter nach hinten verschieben können. Bei manchen Familien dauert es immer ein bis zwei Stunden vom Hinlegen bis zum Einschlafen, was sowohl für die Kinder als auch für die Eltern sehr nervenaufreibend ist. Immer wieder kommen die Kinder aus dem Zimmer, weil sie noch dies oder das brauchen, oder sie rufen öfter nach den Eltern, weil sie nicht alleine sein wollen. Doch die freien Stunden am Abend sind wichtig für Deine eigene Erholung, für Euch als Ehepaar und für andere Termine. Lass die Szene nicht zu, die ich neulich auf einem lusti-

> *Die freien Stunden am Abend sind wichtig für Deine eigene Erholung, für Euch als Ehepaar und für andere Termine.*

gen Cartoon gesehen habe: Ein kleines Mädchen im Schlafanzug hatte ihren Babybruder an der einen Hand, ihr Kuscheltier in der anderen und sagte herausfordernd: »Für zwei Riegel Schokolade, fünf Gummibärchen und drei weitere Gute-Nacht-Geschichten gehen wir wahrscheinlich wieder ins Bett!«

Manchmal sind wir abends bei Freunden mit einem kleinen Kind eingeladen. Es ist 20 Uhr, die Mutter hat das Wohnzimmer schön hergerichtet, einen Imbiss bereitgestellt, und wir genießen einen schönen Abend zusammen. Das anderthalbjährige Kind schläft ruhig im Nebenraum, und wir bekommen gar nichts von ihm mit. Bei anderen ist immer nur ein Elternteil anwesend, der andere ist im Kinderzimmer und versucht, das weinende Kind zum Schlafen zu bringen. Oft muss sich der Papa oder die Mama zusammen mit dem Kind ins Bett legen – wobei manchmal der übermüdete Vater schneller einschläft als sein Kind! Von dem »gemütlichen« Abend hat keiner etwas. Ganz sicher liegt so ein Schlaf- und Einschlafverhalten nicht nur am Kind, sondern auch im Erziehungsstil der Eltern begründet. Wenn ein Kind tagsüber genug frische Luft, Bewegung und Zuneigung hatte, sollte es normalerweise abends auch leicht einschlafen können und nicht noch stundenlang seine Eltern in Beschlag nehmen.

Was macht man, wenn ein Kind nachts wach wird und weint, weil es zum Beispiel schlecht geträumt hat? Das Einfachste ist natürlich, das Kind ins Ehebett zu lassen, allerdings beeinträchtigt das den eigenen Schlaf auf Dauer doch sehr. Welche Mutter kennt es nicht, von einem kleinen, schlafwarmen Körper immer weiter an den Bettrand geschoben zu werden und irgendwann keine Decke zum Zudecken mehr zu haben? Manchmal wird aus dem Schlafen im Elternbett auch eine Angewohnheit, von der man nicht mehr so leicht loskommt. Manche Paare verbieten ihren Kindern deshalb grundsätzlich, zu ihnen ins Ehebett zu kommen. Mir kommt das etwas hart vor, weil Kinder sich nachts manchmal wirklich ängstigen und die Nähe der Eltern brauchen. Doch aufzustehen und das Kind in seinem Kinderbett zu beruhigen, ist sehr anstrengend, wenn man selbst müde ist und am liebsten liegen bleiben würde.

Von einem befreundeten Ehepaar haben wir den Tipp bekommen, eine kleine Matratze ins Elternschlafzimmer zu legen. Diese einfache Idee hat uns ganz sicher viele Stunden Schlaf geschenkt! Wenn unsere Kinder nachts ein Problem hatten, sind sie, sobald sie selbst aus ihrem Bettchen klettern konnten, zu uns gekommen, haben gleich ihre Decke mitgebracht und sich einfach auf die kleine Matratze neben dem Ehebett gekuschelt. Manchmal sind wir morgens wach geworden und bemerkten ganz überrascht, dass während der Nacht eines der Kinder zu uns gekommen war, was wir gar nicht mitbekommen hatten. Wenn das weinende Kind noch kleiner war und nicht alleine kommen konnte, habe ich es geholt, seine Bettsachen mitgenommen, es getröstet und dann vor dem Ehebett einschlafen lassen. Das Wissen, die Eltern neben sich zu haben, reichte zur Beruhigung schon aus, die Kinder mussten gar nicht in unser Bett kommen. Natürlich würden wir schon Konsequenzen ziehen, wenn ein Kind anfangen würde, jede Nacht bei uns schlafen zu wollen. Aber für eine Ausnahme ist die Matratze im Elternschlafzimmer eine schöne Möglichkeit, dass ein verstörtes Kind nachts schnell wieder zur Ruhe findet, ohne dass der Schlaf der Eltern unnötig lange gestört wird.

Zum Weiterdenken

Wie läuft das Zu-Bett-geh-Programm in meiner Familie ab? Gibt es Bereiche, in denen ich konsequenter sein müsste, um meinem Mann und mir eine kinderfreie Zeit am Abend zu ermöglichen?

Tue ich alles dafür, dass meine Kinder einen erholsamen und ruhigen Schlaf haben? Wo gibt es falsche Angewohnheiten, die ich als Mutter ändern müsste?

Schaffe ich gute Rahmenbedingungen dafür, dass mein Mann und ich genügend Schlaf finden? Wo habe ich vielleicht unrealistische Erwartungen?

1

Erziehung

»Erziehe den Knaben seinem
Weg entsprechend;
er wird nicht davon weichen,
auch wenn er alt wird.«

Sprüche 22,6

Böse von Jugend an

Vielleicht wunderst Du Dich, dass in einem Buch über Babyjahre auch das Thema Erziehung angeschnitten wird. Ist das nicht etwas, was erst später, vielleicht ab ungefähr drei Jahren an Bedeutung gewinnt? Vorher braucht man ein Kind doch noch nicht zu erziehen – oder? Wie man zu diesem Thema steht, hat viel mit dem eigenen Menschenbild zu tun. Wenn ich glaube, dass der Mensch im Grunde gut ist und erst durch äußere negative Umstände verdorben wird, dann brauchen diese Umstände ja eine gewisse Zeit, um auf das unschuldige Kind einzuwirken. Mit ungefähr drei bis vier Jahren hat ein Kind bereits die ersten Hänseleien erlebt, ist frustriert, weil nicht immer auf seine Bedürfnisse eingegangen worden ist, oder hat sich schlechtes Verhalten von seinen Bezugspersonen abgeschaut. Das erklärt, warum es nun trotzig ist, lügt oder nicht auf seine Eltern hört. Wer so denkt, dem reicht es, wenn er in dieser Phase mit der Korrektur des negativen Verhaltens anfängt und bis dahin darauf achtet, die Umgebung des Kindes möglichst optimal auf dessen Bedürfnisse abgestimmt zu gestalten. Wahrscheinlich folgen heute die meisten Eltern diesem Ansatz.

Doch das biblische Menschenbild ist anders. Gott sagt, dass das Sinnen des menschlichen Herzens böse ist von Jugend an (1. Mose 8,21). Der Psalmdichter David drückt es so aus: »Siehe, in Ungerechtigkeit bin ich geboren, und in Sünde hat mich meine Mutter empfangen« (Psalm 51,7). Eltern, die sich an der Bibel orientieren, werden viel früher danach fragen, was die göttliche Diagnose »böses Herz« für den Umgang mit ihrem kleinen

Schatz bedeutet. Lass mich direkt am Anfang eine Sache klarstellen: Zu akzeptieren, dass bereits mein kleines Kind ein sündiges Herz hat, bedeutet nicht, es weniger zu lieben! Gott liebt gerade den Sünder. Er hat das Kostbarste, was er hatte, nämlich seinen eigenen Sohn, für Sünder gegeben. Anzuerkennen, dass mein Kind ein Sünder ist, schmälert meine Liebe zu ihm nicht. Es bedeutet auch nicht, jedes Schreien des Babys oder ein Verhalten des Kleinkinds, das mir nicht passt, als Sünde zu deuten oder gar bestrafen zu wollen. Und natürlich ist vollkommen klar, dass die Möglichkeiten eines Menschen, willentlich Böses zu tun, am Anfang seines Lebens noch sehr eingeschränkt bis kaum vorhanden sind. Aber im Lauf der Entwicklung, wenn der Geist immer mehr erwacht und die körperlichen Möglichkeiten zunehmen, werden alle Eltern merken, dass etwas Böses in ihrem Kind zutage tritt, das sich nicht durch äußere Einflüsse allein erklären lässt. Es war eben schon von Anfang an da und kommt aus dem Herzen des Kindes.

Mein Mann und ich haben uns manchmal einen Spaß daraus gemacht, zu hoffen, dass wir durch irgendwelche mysteriösen Umstände ein Kind bekommen würden, das von der Erbsünde verschont geblieben ist (obwohl uns natürlich klar war, dass es so etwas nicht gibt). Solch ein Kind würde auch weinen, wenn es Hunger hat, es sich erschrickt oder die Windel voll ist. Es wür-

> »Denn das Sinnen des menschlichen Herzens ist böse von seiner Jugend an.«
> 1. Mose 8,21

de vieles erst noch lernen müssen und Fehler machen. Aber es würde nicht aus Trotz schreien oder absichtlich etwas Verbotenes tun. Die ersten Wochen sah es immer noch ganz gut aus. Wir hatten Hoffnung: Vielleicht hatte es diesmal mit dem sündlosen Kind doch geklappt! Alles unerwünschte Verhalten konnte noch gut auf »natürliche Art« erklärt werden. Doch die Ernüchterung kam leider früher oder später bei jedem Kind: Wieder ein Sünder!

Eine Situation ist uns noch lebhaft in Erinnerung: Unsere älteste Tochter war ein knappes Dreiviertel-Jahr alt. Sie durfte ziemlich viel (sogar unsere Bücher aus dem Regal ziehen – beim ersten Kind ist man eben noch sehr großzügig), aber wir wussten, dass es nicht gut war, wenn alles erlaubt ist. Es war uns wichtig, dass sie Gehorsam lernte, und an irgendeinem Beispiel musste sie es ja lernen. In

> Doch die Ernüchterung kam leider früher oder später bei jedem Kind: Wieder ein Sünder!

unserem Wohnzimmer stand eine große Topfpflanze auf dem Boden, die Erde in erreichbarer Kinderhöhe. Wir nahmen uns vor, dass sie »der Baum der Erkenntnis« werden sollte. Es war unserer Tochter also verboten, sich am Topf hochzuziehen und in der Erde zu matschen – was natürlich Kinder in diesem Alter liebend gerne machen. Es brauchte nur wenige klare »Nein« von unserer Seite, bis die junge Dame eindeutig verstanden hatte, dass die Pflanze tabu war. Doch ihr kleines böses Herz zog sie immer wieder weg von allen interessanten und erlaubten Spielsachen hin zu der einen Sache, die verboten war. Oft schaute sie fragend in unsere Richtung, ob wir bemerken würden, dass sie in Richtung

Pflanze krabbelte. Einmal tat sie das wieder, und mein Mann rief ein deutliches »Nein, mein Schatz!« vom Sofa, wo wir beim Tee saßen. Die kleine Maus setzte sich vor den Topf und schaute uns mit einem beruhigenden Gesichtsausdruck an, so nach dem Motto: »Was habt ihr beiden denn? Ich weiß doch Bescheid, natürlich gehe ich nicht an die Erde.« Aber wir konnten gut sehen, dass sie dabei einen Arm nach hinten streckte und hinter ihrem Rücken bereits damit beschäftigt war, mit der verbotenen Erde zu spielen! Wir waren echt erstaunt, dass ein so kleines Wesen schon solch ein Geschick darin hat, seine Eltern zu täuschen und das Verbotene heimlich zu tun. Aber eigentlich hätte uns das als Bibelleser gar nicht so überraschen sollen …

Erziehung ist Liebe

Ähnliche Erfahrungen wirst Du ganz sicher mit Deinem kleinen Kind ebenfalls machen oder hast sie schon gemacht. Das böse Herz zeigt sich leider schon früh, und es ist deshalb gut, wenn wir auch früh damit beginnen, die Kinder nicht ihrem eigenen bösen Herzen zu überlassen. Denn das wäre wirklich lieblos! Meine Liebe als Mutter sollte sich darin zeigen, dass ich das Böse nicht überspiele, erkläre, mir schönrede oder ignoriere, sondern von Anfang an damit beginne, dem Kind zu zeigen, dass diese Art von Verhalten negative Folgen hat, aber dass dadurch auch nie die elterliche Liebe infrage gestellt wird.

Sprüche wie »Man kann einem Baby nie genug Liebe geben!« oder »Die Liebe ist der beste Start ins Leben« kursieren unter Müttern und stehen auch auf manchen Glückwunschkarten. Damit meint man, dass man ein Kind in diesem Alter nicht lieb genug haben, es nicht oft genug streicheln oder mit ihm kuscheln könnte. Für viele implizieren solche Sätze aber auch, dass man ein Baby oder kleines Kind nie schreien lassen oder ihm einen Wunsch verweigern dürfe, weil das ja lieblos wäre. Ich glaube, dass der Satz »Man kann einem Baby nie genug Liebe geben!« im Prinzip stimmt. Es ist überhaupt die Frage, ob man irgendeinem Menschen zu viel Liebe geben kann (solange er nicht Gottes Stelle in unserem Herzen einnimmt). Leider bleiben wir unserem Nächsten doch immer Liebe schuldig! Doch die Frage ist, was Liebe bedeutet. Sie bedeutet natürlich, alle Bedürfnisse meines Kindes nach Nahrung, Sicherheit, Geborgenheit, Wärme, Sauberkeit, Spiel und Freude nach meinen Möglichkeiten zu stillen. Sie bedeutet, mein Baby viel in meiner Nähe zu haben, es zu halten, zu streicheln, mit ihm zu reden, ihm vorzusingen, mich mit ihm zu beschäftigen und für es zu beten. Liebe heißt, mein Kind als ein wertvolles Geschenk Gottes zu sehen trotz unterbrochener Nächte, Krümel im Familienauto und den Abdrücken kleiner Patschhändchen an der frisch geputzten Balkontür. Sie kann bedeuten, auf ein neues Kleidungsstück für mich zu verzichten, weil die Anschaffung eines Kinder-Fahrradsitzes dringlicher ist. Aber heißt Liebe auch, dass ich jeden vermuteten oder tatsächlichen Wunsch meines Kindes erfüllen müsste? Denke daran, dass es einen Unterschied zwischen Wünschen und Bedürfnissen gibt. Wünsche werden oft lautstark geäußert, aber sind gar nicht immer gut für das Kind. Bedürfnisse hingegen liegen tiefer. Jedes Kind hat ein Bedürfnis nach Grenzen, Strukturen und verlässlichen Eltern – aber könnte dies gar nicht verbal einfordern. Vielleicht muss die Liebe manchmal sogar einen Wunsch verweigern, um ein tieferes Bedürfnis zu erfüllen.

Außerdem bedeutet mein Kind zu lieben auch, es ihm möglichst leicht zu machen, einmal Jesus Christus nachzufolgen. Dazu muss es lernen, dass es nicht alles selbst bestimmen kann. Wenn sich aber von Anfang an das Familien-Universum komplett um das Baby und später um das Kleinkind dreht, wird es für dieses Kind immer schwieriger, sich jemand anderem unterzuordnen – zuerst den Eltern und später Gott. Hat meine Liebe als Mutter nicht versagt, wenn ich das meinem Kind nicht zeige? Wenn ich ihm zwar jeden Wunsch von den Lippen abgelesen, aber ihm nicht beigebracht habe, sich in die Familie einzufügen?

Heute im Kindergarten beobachtete ich folgende Situation[12]: Eine Mutter stand hilflos neben ihrem gut zwei Jahre alten Sohn. Er wollte einfach nicht die Treppe hochgehen, um in seine Gruppe zu kommen. Mir tut der Junge leid, weil er noch so klein ist

· ·

12 In diesem Buch beschreibe ich einige praktische Alltagssituationen, die zum Teil um der betroffenen Personen willen verfremdet wurden. Jeder Tag meines eigenen Lebens enthält genug Material für viele negative Beispiele, und ich möchte keine Mutter aufgrund einer einzelnen Aussage oder Szene kritisch beurteilen. Ich habe einige dieser Situationen deshalb beschrieben, weil ich sie für hilfreich hielt, die Theorie mit Leben zu füllen und das Gesagte zu veranschaulichen. Lass uns aber nicht entrüstet den Kopf über andere Mütter schütteln, sondern die jeweilige Szene zum Anlass nehmen, unser eigenes Denken und Handeln zu hinterfragen.

und schon viele Stunden ohne Mama bleiben muss. Aber das nur nebenbei – die Situation hätte auch genauso gut in einem Kaufhaus oder irgendwo anders stattfinden können. Jedenfalls stimmte der kleine Knabe ein Wutgebrüll an, dass die Kindergartenwände wackelten und dem man anhörte, dass er damit schon öfter seinen Willen bekommen hatte. Zudem klammerte er sich derart am Treppengeländer fest und strampelte so heftig mit den Beinen, dass die Mutter den Jungen auch nicht einfach auf den Arm nehmen und nach oben tragen konnte. Alle anderen Eltern gingen mit ihren Kindern und einem leisen »Guten Morgen« an der armen Frau und dem schreienden Kind vorbei – eine peinliche Situation! Die Mutter versuchte händeringend, ihren trotzigen Sohn zur Vernunft zu bringen, hatte aber keinen Erfolg. Sie musste irgendetwas tun, denn gleich würde die Kindergartentür geschlossen werden und sie musste ja auch pünktlich zu ihrer Arbeit kommen. Da kam ihr plötzlich ein Geistesblitz. Offensichtlich spielte ihr Kind gerne Lok und Anhänger. So rief sie laut, um das Geschrei des Jungen zu übertönen: »Komm, wir machen *Duff, duff, duff, die Eisenbahn!*«, und streckte die Hände aus, um sich als Waggon an ihr Kind zu hängen. Der Trick klappte, und der Junge marschierte tatsächlich endlich – noch immer schniefend – die Treppe hoch, die Mutter laut singend hinterher. Geschafft!

> Wünsche werden oft lautstark geäußert, aber sind gar nicht immer gut für das Kind. Bedürfnisse hingegen liegen tiefer.

Natürlich bringt es in dieser Situation wenig, zu schimpfen oder das Kind irgendwie anders zu disziplinieren. Die Mutter kann auch nicht nachmittags um 16 Uhr, wenn sie mit dem Kind zu Hause ist, noch einmal darüber sprechen, denn nach so vielen Stunden ist der Vorfall längst vergessen. Vielmehr offenbarte die Situation wahrscheinlich ein Stück davon, was diese Frau grundsätzlich für Vorstellungen über Erziehung in diesem Alter hat. Ich weiß von einem Gespräch, dass sie zu Hause viele ähnliche Konflikte mit ihrem Kind durchstehen muss. »Das erste Jahr war die anstrengendste, schlimmste Zeit meines Lebens!«, erzählte sie einmal einer Gruppe von Müttern. Sogar das Wort »Hölle« fiel. Es gehört zu ihrem Erziehungsstil, dass sie oft mit einem Ablenkungsmanöver versucht, den Trotz des Jungen zu überlisten. Sie ist der Ansicht, dass ein Kind nichts gegen seinen Willen tun sollte und man es daher am besten ablenkt oder ihm die Sache schmackhaft macht, bis es sie dann irgendwann freiwillig tut. Sprich: Wenn der Junge nicht die Treppe hochgehen will, muss sie sich irgendein Spiel einfallen lassen, bis er Lust darauf bekommt, die Treppe hochzugehen. Denn sie hätte ihren Sohn »viel zu lieb«, um ihn zu irgendetwas »zu zwingen«. Das Problem dabei ist natürlich, dass sie sich im Laufe der Zeit ganz schön viel einfallen lassen muss, um erfolgreich zu bleiben!

Als Christ weiß ich vom bösen Herzen meines Kindes und würde mich deshalb auf diese Methode gar nicht erst einlassen, sondern das ungezogene Verhalten angehen. Weil ich mein Kind liebe, korrigiere ich es. Wenn es von Anfang an weiß, dass die Mama bockiges Rumschreien nicht duldet und dass es damit nicht zum gewünschten Ziel kommt, wird es sich auch nicht so aufführen – zumindest in der Regel nicht. Wahrscheinlich hat eine Mutter von drei Kindern, die von Anfang an auf Gehorsam achtet, weniger Konflikte in einer ganzen Woche als eine Mutter von einem Kind, das gewohnt ist, immer seinen Willen zu bekommen, an einem einzigen Tag! Natürlich kann man seinen kleinen Trotzkopf auch mal ablenken oder eine Sache überspielen. Das ist manchmal in der Öffentlichkeit nötig, wenn man in Eile ist oder eine unnötige Auseinandersetzung vermeiden möchte. Aber man sollte sich klarmachen, dass man mit diesem Vorgehen zwar die »Szene rettet«, aber das Kind daraus nichts für zukünftige Situationen lernt.

Training und Konsequenz

Auch kleine Kinder sollten nicht vor anderen bloßgestellt werden, weshalb eine angemessene Reaktion auf bockiges Verhalten in der Regel zu Hause stattfinden wird – und nicht auf der Treppe im Kindergarten. Doch geht es Dir auch so, dass gerade zu Hause die Versuchung groß ist, sündiges Verhalten zu entschuldigen und aus Bequemlichkeit den Konflikten aus dem Weg zu gehen? Wenn das einjährige Kind laut nach Süßem schreit und man es ihm gibt, damit man seine Ruhe hat und weitertelefonieren kann. Oder wenn das Kleinkind ein Riesentheater macht, weil es noch länger baden will, und man sich nur sagt: »Ach, mein Mädchen badet einfach so gerne, dann lass ich es halt noch« – statt ihr beizubringen, dass Rumschreien keine Methode ist, um seinen Willen zu bekommen. Oder immer einzulenken, wenn der kleine

Räuber sich mit Händen und Füßen sträubt, vom Sandkasten im Garten ins Haus zu kommen: »Wenn er meint, dass er noch spielen will, dann darf er natürlich noch.«

Auf diesen alltäglichen Schauplätzen lernt ein Kind, dass es unter einer Autorität steht. Gerade weil wir unsere Kinder lieben, sollten wir ihren momentanen Ärger auf uns aushalten können, wenn wir ihnen einen Wunsch verweigern. Denn wir wissen, dass wir ihnen langfristig nur schaden, wenn wir ihnen immer ihren Willen lassen. Lass Dir nicht einreden, dass das Thema Erziehung erst später wichtig werden würde – Du bist bereits mittendrin! Wenn man diese kleinen Kämpfe im Alltag scheut und erst anfängt, das Verhalten seines Kindes zu korrigieren, wenn es drei Jahre alt oder älter ist, hat man schon viel Zeit verpasst und muss später eine Menge wieder geradebiegen. Das ist anstrengend für die Eltern, aber vor allem ungerecht für das Kind, weil es zu falschem Verhalten ermutigt wurde und nun mühsam umlernen muss. Wenn unsere Kleinen zu emotional ausgeglichenen und sozial verträglichen Kindern heranwachsen sollen, müssen wir sie mit der Wirklichkeit vertraut machen, wo es nun einmal Grenzen und andere Menschen gibt, die auch Bedürfnisse haben. »Aber es geht doch jeweils nur um Kleinigkeiten!«, magst Du einwenden. Doch in diesem Alter geht es naturgemäß immer nur um Kleinigkeiten! Meistens wirst Du allein durch Deine körperliche Überlegenheit

> Wir müssen unsere Kinder mit der Wirklichkeit vertraut machen, wo es nun einmal Grenzen und andere Menschen gibt, die auch Bedürfnisse haben.

den Ungehorsam Deines Kindes ausgleichen können (zum Beispiel ihm etwas aus der Hand nehmen, das es Dir nicht freiwillig geben möchte, oder es dorthin tragen, wo es gerade nicht hingehen will). Aber es ist besser, diese kleinen Situationen ernst zu nehmen und zu erwarten, dass das Kind das tut, was Du von ihm möchtest – auch, wenn das im Moment anstrengender ist. Denn dadurch wirst Du ihm Prinzipien beibringen, die Euch vor späteren, größeren Problemen bewahren können.

Ein positives Beispiel hierfür ist die folgende Situation in einem Lebensmittelgeschäft: Die Mutter schiebt einen Doppelkinderwagen mit einem schlafenden Baby, der vielleicht gut zwei Jahre alte Bruder möchte gerne selbst laufen. Die Mutter hebt ihn heraus und sagt ihm, dass er immer im selben Gang bleiben muss, damit er nicht verlorengeht. Sie vergleicht Produkte, schaut hier und da, und der Junge entfernt sich währenddessen so weit von ihr, dass er nicht mehr in Sichtweite ist. Die Mutter ruft ihm nach, und er kommt mit einem spitzbübischen Lächeln auf dem Gesicht wieder zurückgerannt. Doch kurze Zeit später ist er wieder verschwunden, diesmal in Richtung Spielzeugregal. Die Mutter läuft hinterher, geht in die Hocke auf Augenhöhe zu ihrem Sohn, nimmt ihn an der Hand und erklärt ihm mit ruhiger Stimme ausführlich: »Was hatte die Mama Dir gesagt? Du darfst nicht so weit weggehen, dass ich Dich nicht mehr sehen kann. Du musst jetzt leider zurück in den Kinderwagen, wenn Du noch nicht vernünftig genug bist, alleine zu laufen.« Der Junge fängt an zu protestieren, doch sie setzt ihn davon unbeeindruckt in den Kinderwagen. Als er anfängt, mit den Beinen zu treten und laut zu brüllen, bestimmt sie in aller Seelenruhe: »Dann kann ich Dich leider nicht mit zum Einkaufen nehmen, wenn Du Dich nicht benehmen kannst«, legt ihre Waren zurück und verlässt umgehend das Geschäft. Von so gelassener Konsequenz war ich wirklich beeindruckt!

Wann sollte man damit beginnen, unangemessenes Verhalten zu korrigieren und deutlich zu machen, dass die Eltern die Chefs sind und nicht das Kind? Ich denke, das Gewöhnen daran beginnt bereits im Babyalter – natürlich in behutsamer Liebe und den Möglichkeiten des Kindes angemessen. Zur Veranschaulichung ein Beispiel: Das Baby dreht sich immer auf dem Wickeltisch, wenn man den Popo sauber machen oder ihm den Body zwischen den Beinen zuknöpfen will. Es hat gelernt, sich zu drehen, hat dafür Beifall von seinen Eltern bekommen und will es nun immer wieder ausprobieren. Es ist ein wunderbarer Moment, wenn ein Baby sich das erste Mal alleine dreht – aber diese neue Fähigkeit kann auf dem Wickeltisch auch gefährlich sein. Und wenn das Kind schon ein ansehnliches Gewicht erreicht hat und beim Wickeln nicht still liegt, ist ein einfaches Windelnwechseln ziemlich anstrengend! Natürlich ist es sinnvoll, es dem Kind so leicht wie möglich zu machen, ruhig liegen zu bleiben. Deshalb gibt man ihm ein Spielzeug in die Hand oder hängt ein Mobile über dem Wickeltisch auf, damit es etwas zum Anschauen hat. Aber wenn das Kind sich trotzdem immer wieder dreht, kannst Du es fest an der Hand oder am Oberschenkel fassen und deutlich sagen: »Mein Schatz, das geht nicht, Du musst still liegen, wenn die Mama Dich wickelt, sonst fällst Du runter!« Das Baby versteht natürlich den Inhalt der Worte noch nicht, aber es spürt den unangenehmen Druck und hört die veränderte Stimme. Babys sind sehr aufmerksame Geschöpfe! Vielleicht wird es jetzt anfangen zu weinen. Du kannst dann etwas sanfter sagen: »Siehst Du? Herumrollen geht jetzt nicht. Du musst lernen, beim Wickeln liegen zu bleiben.« Wenn das Baby dann ruhig liegt, kannst Du es mit freundlicher Stimme loben, ihm einen Kuss geben und ihm sagen, wie toll es das gemacht hat. Wenn Du in dieser kleinen Sache konsequent bist, kann ein Baby gut lernen, dass es sich nicht immer umdrehen darf, wenn es Lust dazu hat, und dass die Mutter Dinge vorgeben kann. Nicht nur das Wickeln wird für Mama und Baby angenehmer, sondern das Kind hat durch diese kleine Korrektur etwas sehr Wesentliches ge-

> Das Kind lernt, sich in elterngelenkte Abläufe einzufügen.
>
>

lernt: Es beginnt zu verstehen, dass es nicht immer das tun kann, was es gerade will, und dass die Mama vorgibt, wo es langgeht. Kurz: Das Kind lernt, sich in elterngelenkte Abläufe einzufügen.

Dieser Ansatz trägt dem biblischen Menschenbild Rechnung. Vom sündigen Herzen meines Kindes zu wissen, bedeutet in diesem Alter weniger, es zu bestrafen, als vielmehr, es zu trainieren, es anzuleiten und ihm eine Richtung vorzugeben. Die Eltern gehen voran, nicht das Kind. Und das Kind muss sich daran gewöhnen, den Eltern zu folgen. Das beginnt im Babyalter bei so kleinen Dingen wie dem Stillhalten auf dem Wickeltisch. Oder dass die Mutter es nicht toleriert, wenn ihr Baby ihr beim Stillen in die Brustwarzen beißt, das Krabbelkind ständig den Mülleimer ausleert oder auf dem Hochstuhl immer wieder absichtlich den Trinkbecher hinunterschmeißt. Oder darauf zu bestehen, dass das Kind im Lebensmittelgeschäft in Mamas Nähe bleibt, wenn es nicht im Kinderwagen sitzen möchte. Denke daran, dass frühe Konsequenz Dir viele spätere Probleme ersparen und die Mutter-Kind-Beziehung langfristig harmonischer machen wird. Wenn Du Dein Baby im ganzen ersten Lebensjahr nur tun lässt, was es will, dann wird die Erziehung im zweiten Jahr viel schwieriger und in den folgenden Jahren erst recht. Mit anderthalb Jahren lernt ein Kind Gehorsam viel leichter als mit vier Jahren. Mach Dir bewusst, dass Du jetzt einen wichtigen Grundstein für die Zukunft legst. Erziehung bleibt ein komplexes Unternehmen, und es gibt kein garantiertes Ergebnis. Doch ohne diese Grundlage stelle ich mir das Leben mit Kindern ungleich herausfordernder vor, als es ohnehin schon ist.

Neulich nahm ich im Auto ein kleines, drei Jahre altes Mädchen mit zum Kindergarten. Das Mädchen kennt mich im Prinzip nicht, ich bin eine fremde Frau für sie. Als wir am Kindergarten angekommen waren, wollte ich ihr helfen, ihre Stiefel aus- und ihre Schläppchen anzuziehen. »Kann ich alleine!«, erklärte sie stolz. »Super«, erwiderte ich, »dann mach das gerne alleine.« »Erst meine Handtasche, mein Handy und meinen Lippenstift!«, forderte sie energisch. Die Sachen waren in ihrer Jackentasche. »Du kannst sie Dir gleich holen, wenn Du die Schläppchen angezogen hast«, meinte ich. Da stapfte das kleine Mädchen so heftig mit dem Fuß auf und sah mich mit einem derart strafenden Gesichtsausdruck an, dass ich schnell einlenkte: »Okay, dann hol Dir erst Deine Sachen.« »Nein, Du machst das!«, bestimmte sie. Wenn man sich alleine seine Schläppchen anziehen kann, kann man sich wohl auch seine Sachen aus der Jackentasche holen, aber ich hatte keine Lust, mich mit einem fremden Kind auf lange Diskussionen einzulassen. Also holte ich ihre kleine Handtasche, ihren Lippenstift und ihr »Handy« (einen länglichen Duplo-Stein) aus ihrer Jackentasche und legte sie neben uns auf den Boden. Das ging natürlich gar nicht! Ich sollte die Sachen so lange festhalten, bis die kleine Madame ihre Schläppchen fertig angezogen hatte. Dann nahm sie mir die Sachen gnädig aus der Hand, stolzierte in ihre Gruppe und erklärte mir noch, wo ich jetzt ihre Schuhe hinzustellen hatte.

Mach Dir bewusst, dass Du jetzt einen wichtigen Grundstein für die Zukunft legst.

Ich wundere mich nicht, dass die Mutter den Alltag mit ihrer Tochter als sehr anstrengend erlebt und sich nicht vorstellen kann, sie neben ihrem Baby-Geschwisterchen zu Hause zu betreuen. Wenn es für so ein kleines Kind normal ist, einem fremden Erwachsenen zu diktieren, wie der banale Ablauf des Schuhanziehens zu erfolgen hat, dann kann man sich vorstellen, dass dieses Kind auch in anderen Situationen bestimmen will, wie die Dinge zu laufen haben. Wenn eine Mutter nicht früh damit anfängt, ihrem Kind zu zeigen, dass das Bestimmen aber normalerweise die Eltern machen, wird sie sich wundern, wie herausfordernd schon kleine Alltagsabläufe mit einem zwei- oder dreijährigen Kind sein können!

Vielleicht ist Dein Kind schon etwas älter und Du realisierst gerade, dass Du diesem Thema bislang zu wenig Beachtung geschenkt hast. Wahrscheinlich unterschätzt man besonders beim ersten Kind die Sündhaftigkeit des kleinen menschlichen Herzens. Vielleicht tun wir uns mit der Anerkennung dieser Tatsache auch deshalb so schwer, weil der kleine Rebell seine Haltung ja nur von seinen Eltern geerbt haben kann und wir durch sein Verhalten letztlich mit unserer eigenen Sünde konfrontiert werden. Wenn Dir also jetzt bewusst wird, dass Du von Anfang an mehr auf Gehorsam hättest achten sollen, dann wirf die Flinte nicht ins Korn, sondern überlege jetzt, an welchen Punkten Du arbeiten solltest. Aber mach Dich darauf gefasst, dass es Kraft und Nerven auf beiden Seiten kosten wird, bis man sich bestimmte Verhaltensmuster wieder abgewöhnt hat. Doch Gottes Gnade ist da, und Er wird Dir ganz sicher helfen, es von nun an besser zu machen.

Zum Weiterdenken

Wie hängen Erziehung und Liebe zusammen?

Bei welchen kleinen Gelegenheiten im Alltag kann mein Kind lernen, dass ich als Mutter die Richtung vorgebe?

Wo vermeide ich zu Hause aus Bequemlichkeit, mein Kind zu korrigieren, obwohl es nötig wäre?

Wo nutze ich aus Ungeduld meine körperliche Überlegenheit, anstatt zu warten, bis mein Kind meinen Anweisungen nachkommt?

Einfache und klare Regeln

Ein Kind orientiert sich in den ersten beiden Lebensjahren natürlicherweise sehr stark an seinen Bezugspersonen. In so vielen Situationen sucht es den Blickkontakt zur Mutter: »Darf ich, oder darf ich nicht?« Denke daran, Dein Kind immer ausgiebig zu loben, wenn es etwas richtig gemacht hat. Ein Kind in diesem Alter freut sich normalerweise mit, wenn die Mama sich freut, und reagiert gut auf Belohnung und Lob. Es möchte ja »groß« sein und den Eltern Freude machen. Gerade in schwierigen Phasen solltest Du darauf achten, dass die Kommunikation nicht überwiegend negativ ist, und so oft wie möglich das Gute erwähnen (»Da freut sich die Mama aber sehr, dass Du gerade so lieb gewesen bist!«).

Gleichbleibende Regeln sind eine große Hilfe, und wir müssen uns selbst disziplinieren, dass unser »Ja« wirklich ein »Ja« und unser »Nein« wirklich ein »Nein« bleibt. An diesem Punkt hatte ich viel zu arbeiten, weil ich manchmal sehr großzügig war und an anderen Tagen, wenn ich Stress hatte, wiederum zu kleinlich. Aber es bringt nichts, das Kind einmal mit der Fernbedienung der Stereoanlage oder der Brille spielen zu lassen und es ihm ein anderes Mal zu verbieten. Manche Mütter finden es lustig, wenn die kleine Tochter sich ihre hohen Schuhe anzieht oder ihre Handtasche ausleert, aber wenn sie selbst in schlechter Stimmung sind, verbieten sie es wieder. Doch wir Erwachsenen fänden es ja auch problematisch, wenn sich während eines Sportwettkampfes die Regeln des Spiels ständig änderten! Wechselnde Regeln erzeugen nur unsichere und frustrierte Kinder.

Natürlich machen Kinder in diesem Alter aus Versehen, Unwissenheit oder Dummheit manches kaputt. Wenn kein Ungehorsam dahintersteckt, ist es nicht nötig, das Kind zu schimpfen oder zu bestrafen. Du wirst ihm natürlich zeigen, wie traurig Du bist, dass der schöne Teller nun kaputt ist, oder ihm sagen, dass die Rechnung, die Du versehentlich auf dem Tisch liegen gelassen hattest, wirklich nicht zum Bemalen gedacht war. Wenn Du eine Bestrafung für notwendig hältst, denke daran, nicht die Höhe des Schadens als Maßstab zu nehmen. Vielleicht ist Schimpfen jetzt sogar völlig fehl am Platz, weil das Kind aus reinem Versehen etwas beschädigt hat. Doch in einer anderen Situation muss man es durchaus maßregeln, obwohl gar kein Schaden entstanden ist.

Ich bin der Meinung, dass Kinder in diesem Alter viele Bewegungs- und Entdeckungsmöglichkeiten brauchen, und war deshalb relativ tolerant, was unsere Kinder zu Hause alles durften. Ein positives und anregendes Familienumfeld, in dem es für das Kind innerhalb sicherer Grenzen viel auszuprobieren gibt, bringt sicher mehr als viele Frühförderprogramme! Wenn alles »Nein« ist, wird der Alltag gerade im Krabbelalter unnötig konfliktbeladen. Eine gute Portion Großzügigkeit und Humor machen das Leben um vieles leichter! Ist es schlimm, wenn das Kind fröhlich auf dem Sofa herumturnt, unter dem Tisch eine Höhle baut oder einen umgedrehten Stuhl als Rutschbahn benutzt? Nach un-

> Wenn alles »Nein« ist, wird der Alltag gerade im Krabbelalter unnötig konfliktbeladen.

serer Meinung nicht – solange später wieder alles an seinen Platz kommt und das Wohnzimmer nicht permanent zum Kinderzimmer umfunktioniert wird. Aber einige Gegenstände (Herd, Telefon, Steckdosen, meine Deko und die erwähnte Topfpflanze) waren grundsätzlich verboten. Man kann natürlich auch Schubladen mit Kindersicherungen absperren oder sie einfach abschließen, doch an einigen Gegenständen sollte ein Kind lernen können, dass es Grenzen gibt.

Wenn Du Deinem Kind beibringen willst, dass es nicht an einen bestimmten Gegenstand gehen darf, zum Beispiel ans Telefon, ist es nicht sinnvoll, das Telefon wegzustellen. Sondern wenn das Kind das erste Mal das Telefon in die Hand nimmt, sagst Du ihm ein deutliches »Nein« und bringst das Kind wieder zu seinen Spielsachen. Wahrscheinlich wird es wieder zum Telefon krabbeln, doch dann wiederholst Du das Ganze. Spätestens beim dritten Mal würde ich den kleinen Entdecker dann fest am Händchen fassen und ihn in den Laufstall oder sein Zimmer bringen. Wenn es Protestgeschrei gibt, darfst Du Dich davon nicht aus dem Konzept bringen lassen. Je konsequenter Du bist, desto schneller wird das Kind verstehen, dass Dein »Nein« wirklich »Nein« bedeutet. Der Alltag wird dann für Euch beide viel entspannter, und Du kannst Deinem Kind auch mehr Freiräume gewähren, weil Du weißt, dass es im Normalfall auf Dich hört.

Wie viele andere Eltern auch haben wir unsere Wohnung nie speziell wegen der Kinder umgeräumt – grundsätzlich wollten wir nicht eine kindersichere Wohnung, sondern wohnungssichere Kinder! Auch die Süßigkeiten-Schublade war immer ganz unten und für alle erreichbar. Es standen häufig Blumen auf dem

Tisch oder auf der niedrigen Fensterbank in Kinderhöhe. Ich hätte es viel zu schade gefunden, so lange Zeit auf diese hübschen Dinge zu verzichten, nur weil ein Krabbelkind im Haus war. (In jedem Fall müssen natürlich wirklich gefährliche Dinge wie Medikamente, Putzmittel, leicht zu öffnende Balkontüren etc. für das Kind unerreichbar sein.) Wenn Du in Deiner Wohnung alles wegräumst oder hochstellst, womit Dein Kind nicht spielen soll, erleichterst Du Dir Deinen Alltag nur kurzfristig. Denn schon dann, wenn Du irgendwo zu Besuch bist, wird es mühsam, weil Dein Kind gewohnt ist, an alles Interessante drangehen zu dürfen. Nach unserer Erfahrung ist das Thema »Was darf ein Kind in der Wohnung?« vor allem beim ersten und zweiten Kind relevant. Danach sind durch die Geschwisterkinder und die Vielzahl der Spielsachen ohnehin mehr Beschäftigungsmöglichkeiten gegeben. Lass Dich ermutigen, wenn der Anfang schwer ist: Mit dem, was Du Deinem ersten Kind beibringst, hast Du vielleicht schon weitere Kinder miterzogen!

Manchmal merkt man allerdings auch, dass ein Kind von seiner intellektuellen Entwicklung her noch nicht in der Lage ist, eine Anweisung zu verstehen. Dies kann besonders bei motorisch sehr weit entwickelten Kindern der Fall sein, die schon einen großen Bewegungsradius haben, aber trotzdem noch zu klein sind, um bestimmte Verbote verstehen zu können. Dann sei nicht zu ehrgeizig, sondern entspanne Dich und gehe dem Konflikt irgendwie aus dem Weg. Deine

Deine Erwartungen an das Kind müssen mit seinem momentanen Entwicklungsstand übereinstimmen.

Erwartungen an das Kind müssen mit seinem momentanen Entwicklungsstand übereinstimmen. Es wird genug Gelegenheiten zur Erziehung geben, wo ganz klar ist, dass jetzt der richtige Zeitpunkt dafür gekommen ist!

Klare Regeln sind besonders wichtig, wenn das Kind in einer Umgebung ist, in der es viel zu entdecken, aber auch einige Gefahrenquellen gibt, zum Beispiel in der Küche. Natürlich will das Krabbelkind oder das Zweijährige möglichst in der Nähe der Mutter sein, während sie in der Küche werkelt. Irgendwann entdeckt das Kind auch, dass sich hinter all den langweiligen glatten Oberflächen geheimnisvolle Schubladen und Schränke mit den herrlichsten Spielsachen verbergen: Töpfe, Gläser, Lebensmittel, Dosen. Was für ein Paradies! Es ist nicht geschickt, es von Deiner Tagesform abhängig zu machen, mit welchen Dingen das Kind in der Küche alles spielen darf. Vielleicht macht es Dir an einem Tag nichts aus, wenn der kleine Koch mehlbestaubt die Vorräte umsortiert und dabei sogar das ein oder andere Glas zu Bruch geht. Doch ein anderes Mal wirst Du schon nervös, wenn nur die Schublade mit den Töpfen aufgezogen wird. Von einer befreundeten Mutter habe ich mir eine nette Idee abgeschaut: Auf eine für die kleinsten Kinder gut erreichbaren, großen Schublade wurde ein Herzchen geklebt, das war die Kinder-Schublade. Hierein kamen alle möglichen Din-

> Klare Regeln sind besonders wichtig, wenn das Kind in einer Umgebung ist, in der es viel zu entdecken, aber auch einige Gefahrenquellen gibt.

ge, mit denen ein kleines Kind zwar schön spielen kann, die aber nicht leicht kaputtgehen und nicht gefährlich sind (also Plastikdosen und Schüsseln mit den jeweiligen Deckeln, ein Schneebesen etc.). Die anderen Schubladen waren von Anfang an tabu. Wenn ein Kind nach mehrmaliger Ermahnung doch drang, wurde alles weggeräumt und es musste für eine Weile in den Laufstall oder in sein Zimmer. Diese einfache und klare Regel ermöglichte es den Kindern, bei mir in der Küche zu spielen, ohne dass ich ihnen immer wieder etwas verbieten musste oder aber mir neu überlegen musste, was sie nun durften und was nicht.

Letztlich geht es darum, dass Du Dir mit Deinem Mann darüber einig bist, was Euch wichtig ist und was nicht.

Ein letzter Punkt zu diesem Thema betrifft die Regeln anderer Mütter. Wenn Du oft mit anderen Frauen und Kindern zusammen bist, wirst Du merken, dass jede Mutter andere Regeln aufstellt. Das eine Kind ist motorisch noch unsicher (oder die Mutter sehr ängstlich?), und es soll deswegen nur an der Hand die Treppe hinuntergehen, das andere durfte das schon im Krabbelalter rückwärts alleine versuchen. In der einen Familie darf das Zweijährige seine Kleider selbst aus dem Schrank holen, in der anderen nicht. Bei manchen muss der Teller immer leer gegessen werden, andere sehen das großzügiger. Manche Mütter tolerieren auf Spielplätzen einen großen Bewegungsradius ihrer Kinder, andere bestehen darauf, dass sie in der Nähe bleiben. Letztlich geht es darum, dass Du Dir mit Deinem Mann darüber einig bist, was Euch wichtig ist und was nicht. Bis ins Teenager-Alter wird es in verschiedenen Familien verschiedene Regeln geben! Kinder können das verstehen, auch wenn sie noch klein sind. Also verändere Deine Spielregeln nicht, nur weil andere Kinder da sind, deren Eltern vielleicht andere Schwerpunkte setzen.

Die Macht der Stimme und der Worte

»Sprich mit mir. Warum die ersten 50 Millionen Wörter über unser Leben entscheiden.« So betitelte die Zeitschrift GEO eine ihrer Ausgaben im Jahr 2016. Der Leitartikel führte aus, dass manche Kinder in ihren Familien bis zum dritten Lebensjahr rund 45 Millionen Worte hören, während es in anderen Familien nur 13 Millionen sind. Die fehlenden gut 30 Millionen Worte scheinen ein wesentlicher Faktor dafür zu sein, dass Kinder aus den Familien, in denen weniger geredet wird, in IQ-Tests niedrigere Ergebnisse erzielen und mehr Probleme in der Schule haben. Worte und Sprache sind offensichtlich von enormer Bedeutung für uns Menschen. Kein Wunder, sind wir doch von einem Gott geschaffen worden, der redet!

Interessanterweise lernt ein Kind das Sprechen nicht von Menschen, die sich ohne eine Beziehung zu ihm irgendwo unterhalten (zum Beispiel im Fernsehen), sondern im Wesentlichen von seinen Bezugspersonen. Nicht umsonst wird die Sprache, die wir als Erstes sprechen, *Mutter*sprache genannt. Dein Kind lernt von Dir schon lange bevor es überhaupt die ersten Wörter selbst formen kann. Und einige Monate später kann es bereits sehr viel mehr verstehen als selbst ausdrücken. Daher ist es von großer Bedeutung, welche Rolle Worte in Eurer Familie spielen. Redest Du viel mit Deinem Kind? Liest Du ihm vor? Ist es bei Unterhaltungen dabei und wird immer wieder angesprochen? Benennst Du Gegenstände, wenn Ihr irgendwo gemeinsam unterwegs seid? Bestärkst Du Dein Kind, wenn es selber etwas sagt? (»Te, te!« »Ja genau, das ist die Ente!«) Wie oft hört es seinen Namen? Oder Sätze wie »Ich habe Dich lieb, mein Schatz«, »Danke, Herr Jesus« und »Wir wollen erst noch beten«? Mach Dir bewusst, dass die Art Deiner Kommunikation für die emotionale, die intellektuelle und sicher auch die geistliche Entwicklung Deines Kindes von größter Bedeutung ist.

> Wir sind doch von einem Gott geschaffen worden, der redet!

Auch kleine Kinder sind schon sehr aufmerksam, was die Zwischentöne einer Unterhaltung betrifft. Ich kann mich an eine Situation erinnern, wo bei uns »dicke Luft« am Tisch war und plötzlich unsere einjährige Tochter zu weinen begann. Sie hatte gar nicht verstanden, worum es ging, aber wohl gespürt, dass sich der Tonfall unserer Unterhaltung negativ verändert hatte. Sicher können sich Kinder auch an Streit und Krach gewöhnen und ihre ursprüngliche Sensibilität auf diesem Gebiet verlieren. Daher ist unser Vorbild so wichtig. Wie reden wir als Eltern miteinander? Wie ist die Atmosphäre bei Tisch? Reagieren wir geduldig und freundlich, auch wenn das Kind zum dritten Mal hintereinander Hilfe braucht? Oder sind Nörgeln und Schimpfen bei uns an der Tagesordnung?

Natürlich benutzen wir unsere Worte nicht nur, um unsere Kinder zu loben und zu bestärken; manchmal müssen wir sie leider auch korrigieren oder Verbote aussprechen. Ich bin immer beeindruckt von Müttern, die auch dann in einem ruhigen Tonfall mit ihren Kindern reden. »Erst haben die Kinder geschrien, und dann musste die Mama auch schreien«, erzählte mir eine Freundin neulich, als ich sie fragte, wie ihr Vormittag war. Das muss nicht sein. Gewöhne Deinen Kindern an, dass sie Dich anschauen müssen, wenn Du zu ihnen sprichst.

> Gott ist auch kein Gott, der uns anschreit, sondern der mit leiser Stimme zu uns redet.
>
>

Denn wenn Dein Kind Dich ansieht, kannst Du mit ruhiger Stimme Deine Anweisungen geben und brauchst nicht unnötig laut werden. Es ist interessant, dass schon sehr kleine Kinder den Blickkontakt vermeiden, wenn sie etwas Verbotenes tun und nicht auf die Mama hören wollen. Auf Spielplätzen beobachtet man oft, dass Kinder völlig unbeeindruckt vom Ruf ihrer Mutter »Komm, wir müssen jetzt nach Hause!« weiterspielen. Erst wenn die Mutter laut wird, erfolgt eine Reaktion. Aber kleine Kinder sind sehr aufmerksam und können auch geringe Variationen im Tonfall der elterlichen Stimme wahrnehmen. Gott ist auch kein Gott, der uns anschreit, sondern der mit leiser Stimme zu uns redet. Ja, er will uns sogar nur mit seinen Augen leiten (Psalm 32,8 [Luther-Übersetzung])! Ich halte es daher für ein wichtiges Erziehungsziel für die ersten zwei Jahre, dass ein Kind seine Eltern ansieht, wenn sie ihm etwas sagen, es zeitnah darauf reagiert und man sich als Mutter kein Schreien oder lautstarkes Schimpfen angewöhnt. Wenn Du also Dein Kind rufst, dass es zu Dir kommen soll, dann erwarte auch, dass es tatsächlich kommt – und nicht schon damit rechnet, dass Du es wenig später ohnehin schimpfend holen wirst.

Wichtige Werte wie warten können oder abgeben lernen werden durch tausendfache Wiederholung im Alltag trainiert und durch die Sprache vermittelt. »Kannst Du der Mama auch eins von Deinen Smarties geben? Das ist aber lieb von Dir. Vielen Dank!« »Nein, wir wollen jetzt erst essen, und danach darfst Du weiterkneten. Du brauchst deswegen nicht gleich zu weinen.« »Schau mal, die Schippe gehört dem anderen Jungen. Wir wollen ihn erst fragen, ob Du sie haben kannst.« »Komm, falte Deine Händchen, wir wollen jetzt dem Vater im Himmel noch Danke sagen für den leckeren Kuchen.« »Gleich kommt der Papa nach Hause, da ist es doch nicht nett, wenn er mit so einem lauten Geschrei begrüßt wird!« Gewöhne Dir an, Deine Handlungen so oft wie möglich mit Worten zu kommentieren. Die vielen Stunden, die Du mit Deinem Kind verbringst, sind voller Lernsituationen, und die grundsätzlichen Verhaltensmuster, die es sich jetzt angewöhnt, können ein Segen für sein ganzes späteres Leben sein.

Von Martin Luther soll der Satz stammen, jedes Kind sei wie ein Fass: Es rieche immer nach dem, womit es zuerst gefüllt wurde. Nimm Dir deshalb vor, die ersten Lebensjahre Deines Kindes mit so viel Gutem wie irgend möglich zu füllen. Die Anzahl und der Inhalt Deiner Worte sowie der Tonfall Deiner Stimme werden einen wesentlichen Beitrag dazu leisten. 45 Millionen gute Worte für Dein Kind in den ersten drei Jahren – das ist doch ein schönes Ziel, nicht wahr?

Zum Weiterdenken

Welche guten Worte wird mein Kind heute von mir hören?

In welchem Tonfall rede ich normalerweise? Hat sich mein Kind angewöhnt, erst dann zu reagieren, wenn ich laut werde?

Achte ich darauf, dass mein Kind mich ansieht, wenn ich ihm etwas sage?

Machtkämpfe

Irgendwann zwischen dem ersten und dem zweiten Geburtstag werden Situationen kommen, in denen Du merkst, dass Dein Kind nicht mehr so leicht einlenkt wie noch im Krabbelalter. Manchmal hatten mein Mann und ich die glückliche Illusion, dass ja mit der Erziehung eigentlich alles ganz einfach wäre: In der Säuglingszeit klappte vieles recht gut, und die ersten Monate mit dem auf staksigen Beinen die Welt entdeckenden Menschenkind waren auch noch ganz entspannt. Aber dann kam doch irgendwann der Moment, wo sich auch bei dem süßesten Kind der Dickkopf auf eine Art und Weise zeigte, die wir vorher kaum für möglich gehalten hätten: Was war nur plötzlich in das goldige kleine Wesen gefahren, das eben noch so lieb war? Vielleicht hast Du das auch schon erlebt: Dein Kind sucht die Konfrontation mit Dir und fordert Dich förmlich heraus. Die Szene kann sogar heftige Formen annehmen, vielleicht wird es wirklich aggressiv, will Dich treten oder beißen, macht Spielzeug absichtlich kaputt oder schmeißt sich voller Wut auf den Boden. Wenn man in Erziehungsratgebern liest, dass fast alle Kinder diese »Trotzphase« (oder mehrere!) durchmachen, ist das zwar ein schwacher Trost, beantwortet aber nicht die Frage, was man als Mutter tun kann.

Vielleicht gibt es die Möglichkeit, etwas diplomatisch zu sein (»Komm, die Mama hilft Dir beim Aufräumen«) oder auf einem anderen Weg die Situation zu entspannen. Doch manchmal merkt man, dass dies nicht klappt. Wenn Du jetzt nachgibst und dem Kind seinen Willen lässt, den es mit Geschrei und vielleicht sogar Gewalt durchsetzen will, wirst Du diese Szenen häufiger erleben – und dann der Wut Deines Kindes mehr oder weniger hilflos ausgeliefert sein. Es ist unglaublich, was sich manche Frauen von ihren Kindern in diesem Alter alles gefallen lassen, bis sie dann plötzlich wirklich streng werden und dabei eventuell völlig überreagieren – manche leider bis hin zu körperlicher Gewalt. Ermahne Dein Kind stattdessen ruhig, drohe eine angemessene Strafe an, gib ihm die Möglichkeit zum Einlenken (das ist wirklich wichtig!), doch wenn das nicht geschieht, führe die Strafe konsequent aus. Wenn wir als Mütter eine Strafe androhen – oder umgekehrt eine Belohnung versprechen –, dann müssen wir das auch einhalten.

> Ermahne Dein Kind stattdessen ruhig, drohe eine angemessene Strafe an, gib ihm die Möglichkeit zum Einlenken (das ist wirklich wichtig!), doch wenn das nicht geschieht, führe die Strafe konsequent aus.

Hierfür haben wir ein vollkommenes Vorbild, denn Gott verhält sich uns Menschen gegenüber genauso: Er straft nie aus heiterem Himmel. Bestimmt ist Dir beim Bibellesen auch schon aufgefallen, dass es im Alten Testament seitenlange Beschreibungen zukünftiger Gerichte sowie viele positive Verheißungen gibt. Warum ist das so? Nun, Gott ist kein unberechenbarer Gott, sondern er sagt vorher deutlich, was die Konsequenz von Gehorsam und was die Konsequenz von Ungehorsam ist. Und dann tut er immer, was er sagt: in der Verheißung genauso wie im Gericht. Wenn Dein Kind Dich als Mutter auch so erlebt, hat es keine Angst vor Dir, denn Deine Strafe kommt nie überraschend. Aber es lernt, dass es sich lohnt, auf das zu hören, was Du sagst.

Im Krankenhaus, wo ich auf einer Erwachsenenstation arbeitete, erlebte ich folgende drastische Szene: Eine junge Frau besuchte ihre bettlägerige Mutter, die starke Schmerzen hatte, und saß mit ihrer kleinen Tochter am Krankenbett. Dem vielleicht drei

Jahre alten Mädchen war langweilig, und es hatte seinen Spaß daran, immer mit den Füßen gegen das Bett zu treten oder mit den Händchen am Gitter zu wackeln, woraufhin die alte Dame jedes Mal vor Schmerzen aufstöhnte. Die Mutter drohte darauf immer mit einem »schwarzen Mann«, der im Spind versteckt wäre und jetzt gleich rauskäme, um das böse Mädchen zu holen. »Jetzt kommt er aber gleich, wenn Du noch einmal trittst!« Das kleine Mädchen zeigte sich reichlich unbeeindruckt von diesen Ankündigungen und wackelte weiter am Krankenhausbett seiner Oma. Auch meine Ermahnung als Pflegekraft ließ sie ziemlich kalt. Ich vermute, dass die Mutter ihr schon öfter mit irgendwelchen absurden Konsequenzen gedroht hat, die aber nie eintraten. Dass der »schwarze Mann« niemals kommt, merkt auch ein kleines Kind, das sonst noch nicht viel von der Welt versteht, sehr schnell. Oder dass die Mama im Spielzeuggeschäft, wenn das Kind noch irgendwo steht und nicht kommen will, nicht wirklich alleine nach Hause geht, obwohl sie schon mehrmals gerufen hat: »Tschüss, ich gehe schon mal nach Hause, wenn Du nicht kommst.« Sage also nichts, was nicht auch der Wahrheit entspricht.

Sage nichts, was nicht auch der Wahrheit entspricht.

Es gibt eine Phase, in der der Alltag mit einem zweijährigen Kind, das gerade ausprobiert, wie es seinen kleinen Dickkopf durchsetzen kann, und es immer wieder auf einen Machtkampf ankommen lässt, sehr anstrengend ist. Vielleicht geht Dein Kind immer wieder an verbotene Gegenstände, hört absichtlich nicht, wenn Du es rufst, und lässt sich auch von Deinen Disziplinierungsmaßnahmen anscheinend wenig beeindrucken. Jetzt ist viel Gebet um Weisheit, Liebe und Konsequenz nötig. Es ist auch wichtig, fröhlich zu bleiben und sich nicht vom Trotz des Kindes die eigene Stimmung verderben zu lassen. Achte darauf, dass Du Dein Kind mit Deinen Erwartungen nicht überforderst, aber bleibe konsequent. Das kostet vielleicht im Moment eine Extraportion Kraft, aber es lohnt sich unbedingt. Es werden bestimmt auch wieder einfachere Zeiten kommen, wenn Du jetzt die Zügel in der Hand behältst. Bestimmt gilt Galater 6,9 auch hier: Werde nicht müde, Gutes zu tun – zur bestimmten Zeit wirst Du ernten, wenn Du jetzt nicht ermattest.

> Es geht letztendlich nicht ums Erklären und Verstehen, sondern ums Gehorchen.
>
>

Eine liebe Freundin von mir erzählte, dass ihr kleiner Sohn häufig bockig war, wenn sie mit ihm nach draußen ging: Wollte sie ihm seine Buddelhose anziehen, wehrte er sich dagegen. Blieb die Hose zu Hause, wollte er sie unbedingt anhaben. Sie erklärte dem Jungen mit Engelszungen, warum es bei diesem Schmuddelwetter wirklich wichtig sei, die Matschhose anzuhaben, oder warum es jetzt bei dieser Hitze auf jeden Fall zu warm dafür wäre. Doch der Machtkampf ging weiter. Meine Freundin hoffte immer auf die Zeit, wo der kleine Mann endlich begreifen würde, dass die Hose wirklich nur bei Regenwetter sinnvoll ist. Doch irgendwann merkte sie, dass er inzwischen alt genug war, um das zu verstehen, aber trotzdem immer noch seinen eigenen Willen durchsetzen wollte. »Da habe ich gemerkt, dass es letztendlich nicht ums Erklären und Verstehen, sondern ums Gehorchen geht«, sagte sie mir. Das ist eine wichtige Erkenntnis! Das kleine Mädchen im Krankenhaus konnte auch nicht verstehen, warum sie ihrer Oma wehtat, wenn sie am Bettgitter wackelte. Aber sie hätte trotzdem damit aufhören müssen, als ihre Mutter das von ihr verlangte. Und unsere Kinder sollten einfach ohne großen Protest das anziehen, was wir bei dem jeweiligen Wetter für richtig halten – auch wenn sie noch nicht den Zusammenhang zwischen nassen Hosen und einer Erkältung verstehen. Natürlich erklären wir so viel wie möglich, aber letztlich müssen die Kinder lernen, auf uns zu hören und unserer Entscheidung zu vertrauen – ob sie nun alles verstehen oder nicht. Ein ein- oder zweijähriges Kind mit logischen Argumenten zu etwas bewegen zu wollen, hat einfach wenig Sinn. Es ist mit der Rolle des Entscheiders, der in einer Situation mehrere Handlungsmöglichkeiten abwägt und sich dann für die sinnvollste entscheidet, einfach noch überfordert.

Wenn Du die unweigerlich kommenden Machtkämpfe nicht verlierst, sondern Dein Kind daran gewöhnt wird, auf Dich zu hören, kannst Du auch viel mehr mit ihm unternehmen, als wenn das nicht der Fall wäre. Wir haben einmal ganz nah am Rhein gewohnt, als eine Mutter von einem anderthalb Jahre alten Jungen erwähnte, dass sie nur selten mit ihrem Sohn zum Spielen ans Wasser ging. Eine andere Mama fragte erstaunt: »Aber warum denn nicht? Es ist doch herrlich für die Kinder, am Strand im Sand zu buddeln und den vorbeifahrenden Schiffen zuzuschauen!« »Ja, schon, aber ich kriege ihn dann nicht mehr nach Hause! Deshalb gehe ich lieber erst gar nicht dorthin.« Ist es nicht schade, wenn man seinem Kind etwas Schönes vorenthalten muss, weil man weiß, dass man sich im Zweifelsfall nicht durchsetzen kann? Ein Kind, das gelernt hat, ohne großes Theater auf seine Eltern zu hören, hat einfach mehr vom Leben.

Zum Schluss dieses Abschnitts sei noch gesagt, dass es – so wichtig Konsequenz auch ist – nicht nötig ist, aus jeder schwierigen Situation einen Machtkampf zu machen. Wenn Du einen Machtkampf angefangen hast, solltest Du ihn möglichst gewinnen. Aber es kann manchmal klüger sein, großzügig über ein Fehlverhalten hinwegzusehen. Vielleicht ist dieses Thema erst in ein paar Wochen dran und wird dann viel unkomplizierter gelernt. Vielleicht weißt Du, dass Dein kleiner Schatz im Moment einfach nur müde ist oder dass Dir selber die emotionale Kraft fehlt, die Sache in der richtigen Art und Weise anzugehen. Gerade die frühen Abendstunden sind oft Zeiten, in denen kleine Kinder von den vielen Eindrücken des Tages etwas unleidlich und weinerlich sind. Eine Kassiererin sagte einmal zu meiner Freundin: »Ab halb sechs abends merke ich immer, dass ich bald Feierabend habe: Alle Kinder in den Kinderwagen werden quengelig!« Es ist vielleicht nicht klug, gerade jetzt ein »Exempel statuieren« zu wollen. Versuche stattdessen, im Programm weiterzumachen und den Konflikt irgendwie zu umschiffen. In unserer Erziehung sollen

> Wenn Du einen Machtkampf angefangen hast, solltest Du ihn möglichst gewinnen.

wir zwar konsequent, aber nicht hart oder unbarmherzig sein. Denn wo wäre ich, wenn Gott nicht auch jeden Tag gnädig und barmherzig meine Fehler ertragen würde?

Zum Weiterdenken

Kann sich mein Kind darauf verlassen, dass meine Anordnungen klar sind und ich das meine, was ich sage?

Gibt es Situationen, in denen ich meinem Kind zu viel erkläre und es damit überfordere, anstatt einfach Gehorsam zu erwarten?

In welchen Situationen kann ich gnädig über störendes Verhalten hinwegsehen, weil ich weiß, dass ein Machtkampf jetzt nicht zielführend ist?

Und wenn es nur noch Gebrüll gibt?

Was kannst Du tun, wenn Dein Kind völlig »austickt«, Theater macht, schreit, quengelt und sich überhaupt nicht mehr beruhigen lässt? Manchmal gibt es plausible Gründe (zum Beispiel Reizüberflutung oder Schlafmangel), manchmal hat das Kind vielleicht einfach nur schlechte Laune. Ich gehe davon aus, dass Du als Mutter an der Art des Geschreis erkennst, ob Dein Kind ein ernsthaftes Problem hat oder nicht. Gehen wir davon aus, dass es diesmal ein normales »Alles-ist-blöd«-Schreien ist (und das Kind ist kein ganz junger Säugling mehr). Natürlich versuchst Du, Deinen Schatz zu trösten und ihn abzulenken. Aber das klappt nicht, er schreit und windet sich auf Deinem Arm, weil er hinunterwill. Setzt Du ihn aber auf den Boden, will er sofort wieder hochgenommen werden, weint weiter, will wieder auf den Boden und so weiter. Was ist das Beste in dieser Situation? Ein kleines Kind, das sich gar nicht mehr bändigen lässt, kann einen wirklich an den Rand des Wahnsinns bringen!

Ich bin sehr dankbar, dass meine Mutter mich immer ermutigt hat, meine Kinder, wenn sie so »drauf« waren, in ihr Zimmer oder den Laufstall zu bringen und alleine zur Ruhe kommen zu lassen. Alles andere macht die Situation nämlich nur schlimmer. Wenn das Kind alleine ist, kann es sich beruhigen und vielleicht einschlafen, und manchmal ist es schon deshalb still, weil das »Publikum« für sein Theater fehlt. Jedenfalls lernt es, dass sein

Verhalten bestimmte Folgen hat. Das nächste Mal wird es sich wahrscheinlich leichter beruhigen lassen, weil es weiß, dass die Konsequenz dann wieder die gleiche sein wird. Natürlich darfst Du Dein Kind nicht zurückholen, wenn nach fünf Minuten das Protestgeschrei noch nicht verstummt ist. Sonst lernt es nur, dass es noch etwas länger schreien muss und dann alles wieder von vorne losgeht.

Du kannst in so einer Situation also ganz entspannt versuchen, Dein quengelndes Kind zu beruhigen, und wenn es nicht klappt (meistens wird es klappen!), es alleine in sein Zimmer bringen.

Du kannst ihm sagen: »Mein Schatz, so ein Geschrei dulde ich nicht. Wenn Du Dich nicht beruhigen lässt, kannst Du genauso gut hier weinen. Wir wollen nicht, dass die ganze Familie unter Dir leidet. Wenn Du ruhig geworden bist, hole ich Dich wieder.« Zwischendurch wirst Du vielleicht Deinen Kopf ins Zimmer stecken, um Dich zu versichern, dass es Deinem Kind gut geht, und ihm sagen, dass Du es lieb hast. Aber hole es nicht zurück, bevor es nicht leise geworden ist. Du kannst Deinem Kind die Fähigkeit zutrauen, sich ohne Hilfe zu beruhigen. Wenn es das dann geschafft hat und nicht mehr tobt, kannst Du es wieder holen, in den Arm nehmen, ihm einen Kuss geben und ihm zeigen, dass die Welt wieder in Ordnung ist. Einmal Regen und dann Sonnenschein ist für alle Beteiligten viel schöner als stundenlanges Nieselwetter!

> Einmal Regen und dann Sonnenschein ist für alle Beteiligten viel schöner als stundenlanges Nieselwetter!

Irgendwo habe ich gelesen, einer der größten Stressauslöser sei, einer unangenehmen Situation hilflos gegenüberzustehen und sie nicht beeinflussen zu können. Vielen Eltern von kleinen Kindern geht es ständig so! Ihr Kind »tickt aus« und sie können nichts tun – außer das Geschrei auszuhalten. Wenn Du hingegen wie beschrieben vorgehst, bleibst Du »Herrin der Lage«, handelst aktiv und reagierst nicht nur. Dein Kind weiß außerdem, woran es ist, und wird seltener grundlos »die Sirene anstellen« – auch zum Wohl der restlichen Familie. »Du hast aber ein unkompliziertes Kind!«, werden die Leute bewundernd sagen. Ja, das stimmt, aber das »unkomplizierte Kind« ist kein Glücksfall gewesen (oder nicht nur), sondern ganz sicher auch das Ergebnis eines bestimmten Verhaltens der Eltern.

Ich bin fest davon überzeugt und habe es oft beobachtet, dass kleine Kinder, mit denen auf diese Weise konsequent umgegangen wird, viel weniger weinen und ausgeglichener und fröhlicher sind als die, welche durch Geschrei ihren Willen bekommen. Wie anstrengend ein Kind ist, liegt nicht nur im Kind selbst begründet, sondern auch daran, wie auf das Kind reagiert wird. Und sehr häufig gehen Eltern, die meinen, ein Kind alleine weinen zu lassen, sei doch viel zu herzlos, viel unsanfter mit ihrem Kind um als diejenigen, die – auch für sich selbst – rechtzeitig die Reißleine ziehen. Denn stundenlanges erfolgloses Herumtragen und Beruhigen halten nur die wenigsten durch, ohne selbst gereizt zu werden. Und dann ertappen sich diese »Ich-will-doch-alles-für-mein-Kind-tun«-Eltern dabei, dass sie viel unbeherrschter mit ihrem Kind umgehen, als sie eigentlich wollen.

Ein Beispiel: Eine Familie kommt zu uns zu Besuch. Die Mutter warnt mich schon, dass ihre einjährige Tochter heute sehr unleidlich ist, weil ihr Essensrhythmus durcheinandergekommen ist und sie keinen Mittagsschlaf hatte. Gar kein Problem, solche Tage gibt es. Das Mädchen ist tatsächlich sehr quengelig, schließlich weint sie nur noch und will von ihrer Mutter auf dem Arm herumgetragen werden. Die kann aber kaum etwas essen, geschweige denn sich unterhalten oder den Besuch genießen. Ich schlage ihr irgendwann vor, die weinende und offensichtlich übermüdete Kleine doch in eines unserer Kinderbetten zu legen. Sie schaut mich so entgeistert an, als hätte ich vorgeschlagen, das Kind auf der Straße auszusetzen. »Ich kann mein Kind doch jetzt nicht alleine lassen! Du siehst doch, dass es mich braucht!« Ich sehe gar nicht, dass es die Mutter jetzt braucht, weil sie es ja doch nicht beruhigen kann. Meine Freundin beschließt, spazieren zu gehen, aber auch das ist schwierig, weil ihr überdrehtes Kind immer versucht, aus dem Kinderwagen aufzustehen und auf ihren Arm zu kommen. Die Mutter ist inzwischen ziemlich fertig mit den Nerven (was niemanden wundern wird). Sie möchte, dass die ganze Familie sofort nach Hause fährt, weil die Situation langsam unerträglich ist. Aber ihr größerer Sohn spielt noch so schön mit

> Eine liebevolle Mutter sollte ihrem Kind das geben, was es in solchen Momenten am meisten braucht:
>
> die Chance,
> zur Ruhe zu kommen.

unseren Kindern. Ich kann sie nun doch überreden, den kleinen Schreihals für eine Weile wegzulegen. Die junge Dame beruhigt sich im Bett zwar nicht dauerhaft (sie ist auch nicht daran gewöhnt, auch nur für kurze Zeit allein gelassen zu werden), aber die halbe Stunde, die meine Freundin ohne ein schreiendes Kind auf dem Arm hat, tut ihr sichtlich gut. Sie kommt endlich dazu, etwas zu trinken und zu essen, unterhält sich und kann das Zusammensein mit den anderen Erwachsenen genießen. Danach sind auch die anderen Kinder mit dem Spielen fertig, die Familie kann in Ruhe alles einpacken und nach Hause fahren.

Für mich war diese Situation ein typisches Beispiel dafür, dass es ein Trugschluss ist, zu meinen, ich würde meinem Kind etwas Wichtiges vorenthalten, wenn ich es in so einer Situation mit seinem Schreien alleine lasse. Vielmehr sollte ich jetzt als Mutter für mein Kind ein vorhersehbares, liebevolles und von seiner schlechten Stimmung unabhängiges Gegenüber sein. Und ihm das geben, was es im Moment am meisten braucht: die Chance, zur Ruhe zu kommen.

Ist eine Mutter herzlos, wenn sie so handelt? All die schönen Momente eines Tages, das Knuddeln am Morgen, das gemeinsame Singen, Bilderbuch vorlesen, zusammen kochen und essen, Seifenblasen machen, kitzeln, Enten füttern, mit Gummistiefeln in die Pfützen springen und dergleichen mehr sind der Rahmen und geben Dir die Berechtigung dazu, in einzelnen Situationen sehr konsequent zu sein. Mir würde es wirklich schwerfallen, mein Kind abends bei Protestgeschrei zu isolieren, wenn es den ganzen Tag über gar nicht mit mir zusammen war. Das wäre wirklich unfair. Aber wenn ich eine enge Beziehung zu meinem Kind habe und jeder Tag viele schöne Erlebnisse enthält, wird die allgemeine gute Stimmung von diesen einzelnen Situationen, in denen ich mich durchsetzen muss, nicht getrübt werden. Auch für das Kind ist das Leben viel schöner, wenn es gehorsam und ausgeglichen ist!

Zum Weiterdenken

Wo lasse ich es zu, dass mir mein Kind »auf der Nase herumtanzt«, anstatt ihm beizubringen, dass sein Verhalten falsch ist?

Welche positiven Erlebnisse hatte ich heute mit meinem Kind, die unsere Beziehung vertieft haben?

Welche schönen Dinge, an denen mein Kind im Moment Freude hat, sollten wir öfter bewusst zusammen erleben? (Ball spielen, Autos beobachten, Bilderbücher anschauen, Pizza belegen, Gänseblümchen pflücken, eine Sandburg bauen ...)

Sich alleine beschäftigen

Es scheint heute schon fast der Normalfall zu sein, dass eine Mutter mit ein oder zwei kleinen Kindern nichts anderes tun kann, als nur diese Kinder zu beaufsichtigen und zu beschäftigen. Ich weiß von einem Ehepaar – der Mann war noch Student und hatte viel Zeit –, die wieder zurück in die Stadt ihrer Eltern gezogen sind, weil sie beide nach einem Jahr »Babyzirkus« völlig am Rand ihrer Kräfte waren. Eine andere Mutter wurde gefragt, ob sie für ein gemeinsames Kaffeetrinken nach dem Gottesdienst einen Kuchen backen könnte, und sie sah das schon fast als Beleidigung an, weil sie sich ja um ihren wenige Monate alten Sohn kümmern müsste. Eine andere Familie zog um, ihre Tochter war ein Jahr alt, und die Mutter erklärte, dass sie nur abends Kisten packen könne, wenn die Kleine im Bett sei. »Sie ist so anhänglich, ich komme einfach zu nichts, wenn sie wach ist. Mein Kind hat einen hohen Bewegungsdrang und braucht ständige Aufmerksamkeit.« Bestimmt gibt es tatsächlich Kinder mit einem ruhigeren Naturell als ihre Tochter, aber ich bin mir sicher, dass jedes Kind das Potenzial hat, ein Heer von Erwachsenen rund um die Uhr zu beschäftigen – wenn man es nur lässt! In einer christlichen Radiosendung hörte ich den Satz: »Jeder Mensch, der auf die Welt kommt, zieht einen Kreis um sich, beansprucht den Platz in der Mitte des Kreises und erwartet, dass sich alles um ihn drehen wird.« Es ist die Aufgabe der Eltern, ihrem Kind liebevoll, aber deutlich zu zeigen, dass das Leben so nicht funktioniert.

Als ich mit vorzeitigen Wehen im Krankenhaus lag, lernte ich eine nette junge Frau kennen. Gemeinsam warteten wir auf unsere Geburtstermine, freundeten uns an und trafen uns nach der Geburt unserer Kinder noch öfter. Meine Bekannte hatte einen goldigen Jungen bekommen und war eine sehr patente Frau, die jahrelang erfolgreich in ihrem Beruf gearbeitet hatte. Eigentlich doch die besten Voraussetzungen, könnte man meinen. Doch ihr Alltag mit dem Baby wurde sehr anstrengend: Sie meinte, dass sie ihr Kind überhaupt nicht aus den Augen lassen dürfte. Selbst wenn ihr kleiner Sohn schlief, ließ sie die Tür angelehnt und bewegte sich nur leise in der Wohnung, um bei dem kleinsten Pieps aus dem Kinderzimmer sofort zur Stelle zu sein und ihm das geben zu können, was er vermeintlich brauchte. In den ersten Wochen duschte sie erst, wenn ihr Mann abends zu Hause war. »Ich kann doch nicht duschen, solange mein Kind nicht beaufsichtigt ist. Er könnte sich doch was tun oder mich brauchen!«, meinte sie. Ihr Tag bestand aus stillen, wickeln, spielen, mit dem Kind auf der Krabbeldecke sitzen, Bilderbuch anschauen, Kurse besuchen, baden … Und abends brauchte sie dann natürlich Zeit für sich, Zeit zum Duschen etc. Die Schwiegermutter wohnte nebenan und versorgte die junge Familie mittags mit einer warmen Mahlzeit. Unzumutbar, neben dem Baby noch kochen zu müssen! Als die Krabbelzeit kam, wurde ihr Alltag noch anstrengender, da dem Entdeckungsdrang des Jungen keine Grenzen gesetzt wurden. Ob meine Bettnachbarin als Mutter glücklich war? Jedenfalls hatte sie nach etwas

> Es ist die Aufgabe der Eltern, ihrem Kind liebevoll, aber deutlich zu zeigen, dass sich im Leben nicht alles um es dreht.

mehr als einem Jahr genug von diesem Leben, ging wieder arbeiten und der Junge kam zu einer Tagesmutter. Das schien allen die sinnvollste Lösung zu sein. Mir tun die Tagesmütter wirklich leid, die vier bis fünf solcher Kinder beaufsichtigen müssen, die es gewohnt sind, dass sich ein Erwachsener rund um die Uhr um sie kümmert und sie bespaßt!

Man muss nur fünf Minuten nachdenken, um dahinterzukommen, dass das nicht das Normale sein kann. Fast nirgendwo auf der Welt und fast nie in der Geschichte konnte man es sich leisten, dass eine Frau nichts anderes tat, als nur ein Baby zu betreuen. Es kann nicht völlig unzumutbar sein oder gar dem Kind schaden, wenn eine Mutter noch andere Dinge zu tun hat. Die Menschheit müsste schon längst ausgestorben sein, wenn das wirklich so wäre! Ein Kind kann und sollte schon sehr früh lernen, sich eine angemessene Zeit lang selbst zu beschäftigen oder einfach nur seine Mutter bei der Arbeit zu beobachten. Du musst nicht den halben Tag neben Deinem Baby auf der Krabbeldecke liegen oder stundenlang mit Deinem Einjährigen Bauklötzchentürme bauen! Natürlich gibt es Zeiten am Tag, während denen Du ganz bei Deinem Kind bist, Fingerspiele machst, Ihr zusammen kuschelt, »Hoppe Reiter« macht, Du ihm etwas vorliest oder Ihr zusammen spielt. Diese Momente ungeteilter Aufmerksamkeit (Handy weg!) sind wichtig. Aber es ist ganz natürlich, dass das Baby oder Kleinkind sich danach wieder eine Zeit lang alleine beschäftigt bzw. nur Blickkontakt mit Dir hat.

Als unsere erste Tochter geboren war, hörte ich in einem Vortrag von Sylvia Plock den Tipp, das erste Kind so zu behandeln, als ob das zweite schon da wäre. Das hat mir wirklich geholfen. Mein Studium hatte ich zu diesem Zeitpunkt noch nicht ganz abgeschlossen, sodass ich oft zu Hause am Schreibtisch saß, um an meinen Hausarbeiten zu schreiben. Wenn mein Baby weinte, wusste ich, dass ich mit gutem Gewissen noch den Absatz zu Ende schreiben konnte – denn wenn ein zweites Kind da wäre, könnte ich auch nicht immer alles stehen und liegen lassen. Also: Wenn Du hörst, dass Dein Baby wach wird, brauchst Du nicht sofort alles fallen zu lassen und in Windeseile an sein Bettchen zu stürmen! Du kannst noch in aller Ruhe die Wäsche fertig aufhängen oder Deine angefangene E-Mail zu Ende schreiben. Ein Kind kann lernen zu warten. Die weiteren Kinder einer Familie müssen es ohnehin.

> Behandle das erste Kind so, als ob das zweite schon da wäre.

Viele Mütter berichten, dass ihr zweites und drittes Kind viel unkomplizierter war als das erste. Woran das wohl liegt? Nun, ich denke, dass Gott in seiner Barmherzigkeit schon weiß, an welche Stelle er das Kind mit den schlimmen Blähungen oder dem schmerzhaften Zahndurchbruch platziert. Dass unser fünftes Kind ein so unkomplizierter Säugling war, war ganz sicher eine Gnade Gottes! Aber natürlich werden wir als Mütter auch besser. Wenn Dein erstes Kind ein Jahr alt ist, hast Du bereits mehrere Hundert Male gewickelt, gefüttert und getröstet. Es wäre ja verwunderlich, wenn das gar keine Auswirkungen hätte! Ein weiterer naheliegender Grund, warum spätere Kinder oft unkomplizierter sind, ist bestimmt, dass sie von Anfang an gelernt haben zu warten. Wenn Du gerade

Deinem Zweijährigen eine Gute-Nacht-Geschichte vorliest und das Baby quengelt, wirst Du wohl erst die Geschichte fertig erzählen und dann nachsehen, was das Baby hat. Die Wahrscheinlichkeit ist groß, dass es inzwischen schon wieder eingeschlafen ist oder sich selbst beruhigt hat. »So einfach ging das bei meinem ersten Kind nie!«, denkst Du. Vielleicht hast Du ihm aber nur nicht die Chance dazu gegeben, weil Du bei jedem Weinen sofort hingegangen bist. Also: »Behandle das erste Kind so, als ob das zweite schon da wäre.« Das wird Deinem Kind auch die Umstellung, wenn ihm nach der Ankunft eines Geschwisterchens die Mama nicht mehr allein gehört, vereinfachen und den Alltagsablauf Deiner Familie um einiges unkomplizierter machen.

Kind und Alltagspflichten

Vor Kurzem hatte ich die Gelegenheit, länger mit meiner Oma über ihre Zeit als junge Mutter zu reden. Sie bekam ihre ersten beiden Kinder dicht hintereinander Anfang der 1950er-Jahre. Sie war aus Schlesien geflohen, mein Großvater kam aus Holland. Sie hatten nicht viel Geld, und mein Opa arbeitete hart, um eine Existenz für die Familie aufzubauen. Er verließ morgens früh das Haus und kam nicht vor 19 Uhr wieder – an sechs Tagen in der Woche. Es gab nur wenige Urlaubstage, von Elternzeit oder Ähnlichem hatte noch nie jemand etwas gehört. Ihre nur notdürftig ausgebaute Wohnung befand sich im Dachgeschoss eines Hauses, die Besitzer hatten meine Oma und ihren Mann als Flüchtlingsfamilie zugeteilt bekommen. Die Treppe nach unten war steil und nicht durch eine Tür oder ein Gitterchen abgesperrt. Das heißt, dass die Kinder lernen mussten, dass sie keinesfalls in die Nähe der Treppe gehen oder krabbeln durften. Meine Oma hatte einen vollen Arbeitstag. Neben der Versorgung meines Vaters und seines Bruders, der 15 Monate später zur Welt gekommen war, musste sie einen großen Teil der Babykleidung (und ihrer eigenen Kleider) selbst herstellen. Sie nähte aus abgetragenen Männerhosen kleine Jungenhöschen. Sie strickte Söckchen, Westen und Mützchen. Sie nähte sogar Matratzen und füllte sie. Es gab keine Pampers, Gläschen oder Fertignahrung. Die Windeln kochte sie auf einem Zwei-Platten-Elektroherd aus und hängte sie zum Trocknen auf die Wäscheleine im Wohnzimmer oder im Hof. Wenn sie ihren Jungs Möhrensaft geben wollte, musste sie ihn aus Möhren selbst herstellen. Wenn sie einen Babybrei kochen wollte, musste sie den Hafer für die Haferflocken erst von den Spelzen befreien. Und das alles ohne Küche, sogar das Wasser musste aus der unteren Wohnung nach oben getragen werden.

Das war kein besonders tragisches Schicksal, es war das normale Leben eines Großteils der Bevölkerung vor 60 Jahren. Wenn meine Oma von diesen ersten Familienjahren erzählt, sagt sie, dass es natürlich anstrengend war. Aber sie und mein Opa waren jung und gesund, der Krieg war vorbei, sie hatten sich lieb, waren dankbar für ihre Kinder und freuten sich, mit Gottes Hilfe ein neues Leben aufbauen zu können. Meine Oma ist eine sehr liebevolle Frau und hat meinem Papa und seinem kleinen Bruder sicher alles gegeben, was ein Baby braucht: Liebe, Streicheleinheiten, vorsingen, herumtragen, kuscheln. Aber die Familie wäre buchstäblich verelendet, wenn sie gesagt hätte, dass sie außer der

Betreuung der Kinder nichts anderes tun könnte oder mein Opa ihr stundenlang mit den beiden Kindern helfen müsste!

Wahrscheinlich hatte sie es in dieser Hinsicht einfacher als wir Mütter von heute. Es gab einfach gar nicht die Möglichkeit, sich in einer so ungesunden Weise um seine Kinder zu drehen, wie wir das oft tun. Es war überlebensnotwendig, dass die Kinder sich anpassten und auf die Mutter hörten. Es gab noch keine Kindersicherungen für Steckdosen, keine Absperrgitter, keine versenkbaren Knöpfe am Herd. Sicher sind wir froh, dass wir diese Dinge heute haben, und es gab früher auch etliche tragische Unfälle. Aber zu meinen, dass ein Kind nicht zu hören braucht, wenn seine Eltern etwas sagen, oder dass es nur das tun muss, wozu es gerade Lust hat, ist eine Vorstellung, die nicht wirklichkeitstauglich und wahrscheinlich nur in unserer Luxuswelt lebbar ist. Vielleicht wollen wir unseren Kindern mehr geben, als sie eigentlich brauchen – und geben ihnen am Ende doch weniger.

Also fülle Deinen Tag auch weiterhin mit Arbeit, nachdem Du ein Kind bekommen hast. Mir ist einmal aufgefallen, dass Paulus den jüngeren Witwen sagt, sie sollten »heiraten, Kinder gebären, den Haushalt führen« (1. Timotheus 5,14). Kinder gebären und den Haushalt führen – das eine schließt das andere also offensichtlich nicht aus! Natürlich wirst Du Dich im Wochenbett ausruhen und darfst Dich auch verwöhnen lassen. Aber danach

> Vielleicht wollen wir unseren Kindern mehr geben, als sie eigentlich brauchen – und geben ihnen am Ende doch weniger.
>
>

geht das Leben weiter! Gewöhne Dir unbedingt an, Deine Aufgaben nicht nur dann zu erledigen, wenn das Kind schläft, sondern gerade dann, wenn es wach ist. Es kann während dieser Zeit in seiner Babywippe sitzen und Dir zuschauen, im Laufstall spielen oder sich auf seiner Krabbeldecke selbst beschäftigen. Es kann auch mal für eine Zeit alleine in seinem Zimmer sein. Wenn das Kind etwas älter ist, kann es Dir mit einem Lappen in der Hand bei der Arbeit »helfen« oder in seiner Puppenküche eine Rosinensuppe kochen. Wenn Du aber einen großen Teil des Tages Dein Kind beschäftigst und Deine Aufgaben nur dann erledigst, wenn es schläft, lernt es nicht die Wirklichkeit kennen. Leider geht das heute vielen Kindern so.

Kinder gebären und den Haushalt führen – das eine schließt das andere nicht aus!

In unserem Kindergarten gibt es eine Reihe AGs. Besonders beliebt ist die Koch- und Back-AG. Die Erzieher gehen erst mit den Kindern die nötigen Lebensmittel einkaufen, dann werden Waffeln oder Kuchen gebacken. Meine Kinder finden das nicht besonders spannend, denn das machen wir zu Hause oft zusammen. Aber man merkt, dass diese normalen Dinge des täglichen Lebens für Kinder, die seit dem zweiten Lebensjahr jede Woche 30 bis 40 Stunden in der Kita sind, eine fremde Welt bleiben. Sie kennen nur eine auf sie abgestimmte Umgebung, aber keinen Alltag, in dem die Mama einkaufen geht, kocht, eine Pause macht, bügelt, einen Arzt-Termin hat, ein Päckchen zur Post bringt, eine Freundin besucht, mit einer Nachbarin plaudert. Wie arm ist das Leben aber, wenn ein Kind nur das mitbekommt, was zu seinem unmittelbaren Bedürfnis passt! Deshalb lass Dein Kind so viel wie möglich teilhaben an den Abläufen des normalen Lebens. Das ist Bildung und Erziehung in einem. Und denke daran: Nur eine oder zwei Generationen vor uns war der Alltag einer Mutter gar nicht anders zu bewältigen.

Im Lauf der Zeit wird Dein Kind immer mehr selbst tun können, zum Beispiel alleine laufen, seine Klettverschluss-Schuhe ausziehen und nebeneinander ins Regal stellen, die Leiter zur Rutsche hochklettern, den Schlafanzug unters Kopfkissen legen, selbstständig in seinen Autokindersitz steigen usw. Diese Dinge sollte es dann auch selbst tun dürfen. Und die Kinder machen das auch so gerne! Was ist schöner, als auch schon ein (unzerbrechliches) Geschirrteil vom Tisch in die Küche bringen zu dürfen? Oder stark genug zu sein, um einen Teil des Einkaufs zu tragen? Kleine Aufgaben stärken die Kompetenzen und das Verantwortungsgefühl jedes Kindes. Wenn Du nur ein Kind hast, macht es Dir vielleicht nichts aus, wenn Du alles selbst machen musst. Aber sobald mehrere Kinder da sind, bist Du für jeden unscheinbaren Handgriff froh, den jedes Kind selbst tut.

Der Laufstall

Meiner Meinung nach ist der Laufstall eine der sinnvollsten Erfindungen für die Baby- und Kleinkindzeit. Da er ziemlich aus der Mode gekommen ist, als »Baby-Knast« verschrien wird und sich manche Mutter kaum traut, auf dem Spielplatz zuzugeben, dass sie zu Hause einen Laufstall hat, möchte ich hier eine Lanze für dieses altmodische Gerät brechen. Ich glaube nicht, dass wir fünf Kinder bekommen hätten, wenn wir nicht immer einen Laufstall gehabt hätten!

Ein Laufstall hat einfach unglaublich viele Vorteile. Zuerst ist er ein Ort, wo Du Dein Baby, das sonst auf allen vieren die Wohnung auf den Kopf stellen würde, mal eben »auf Nummer sicher« ablegen kannst. Manchmal muss man ja mal für drei Minuten vor die Tür gehen, ein Päckchen entgegennehmen, bei der Nachbarin einige Eier borgen oder mit dem Mann von den Stadtwerken im Keller den Stromzähler ablesen. Der Laufstall ist der ideale Ort, wo Du Dein Baby in dieser Zeit unterbringen kannst. Natürlich könntest Du es auch in sein Bettchen legen, aber das Bett sollte in erster Linie zum Schlafen da sein und nicht zum Spielen. Du kannst Dein Kind auch zu jedem kurzen Gang mitnehmen, aber Du sparst Dir viel Zeit und Kraft (Jacke an, Jacke aus, Mütze an, Mütze aus …), wenn es daran gewöhnt ist, auch mal kurz alleine zu bleiben.

Ein weiterer Vorteil ist, dass der Laufstall ein Ort ist, an dem ein Kind für einen längeren Zeitraum je nach Alter konzentriert und ungestört spielen kann. Du musst Dich nicht unbedingt im selben Zimmer aufhalten, weil du weißt, dass Deinem Baby nichts passieren kann. (Natürlich wirst Du keine Kleinteile im Laufstall haben, die Dein Kind verschlucken könnte, oder andere potenziell gefährliche Gegenstände wie Schnüre etc.!) In dieser Zeit kannst Du gut Arbeiten im Haushalt erledigen, bei denen ein neugieriges Krabbelkind hinderlich ist – wie zum Beispiel Marmelade einkochen, Fenster putzen usw. Irgendwann wird Dein Kind sich auch an den Laufstallstäben hochziehen und hier seine ersten Schritte versuchen.

Am einfachsten ist es, wenn Du Dein Kind schon früh an den Laufstall gewöhnst, am besten schon im Babyalter auf einer Decke. Hier ist es auch vor den liebevollen, aber groben Patschhändchen eines älteren Geschwisterchens sicher. Der Laufstall kann gerade in einer größeren Familie ein sehr willkommener Rückzugsraum sein. Oft haben unsere älteren Kinder gerne im Laufstall etwas gebaut, weil dann das Krabbelkind es nicht umwerfen konnte. Oder das jüngere Kind hat es genossen, in Ruhe zu spielen, ohne dass ihm seine älteren Geschwister etwas wegnehmen konnten. Die räumliche Beschränkung fördert außerdem die Kreativität und Konzentrationsfähigkeit. Wenn Dein Kind immer an alle Spielsachen gehen darf, wird es oft jede Schublade aufreißen, alles Spielzeug auf dem Boden verteilen, aber dann doch quengeln, weil ihm langweilig ist. Aber im Laufstall kann es mit nur ein bis zwei Spielzeugen konzentriert und zeitvergessen spielen, weil es nicht abgelenkt wird.

> Die räumliche Beschränkung fördert die Kreativität und Konzentrationsfähigkeit.

Ich finde es sehr sinnvoll, regelmäßig eine Laufstallzeit zu haben, zum Beispiel am späten Vormittag während der Dauer einer Kinderlieder-CD oder auch am Nachmittag, bevor der Mann nach Hause kommt. In dieser Zeit kannst du das Geschwisterchen stillen, in Ruhe kochen, E-Mails schreiben, die Sonntagsschule vorbereiten, eine Mahlzeit vorbereiten oder sonst etwas tun, wozu Du etwas Muße brauchst. Ich habe den Kindern während dieser Zeit immer einen Zwieback oder eine Reiswaffel (die krümeln weniger) und ein Lieblingsspielzeug gegeben, sie waren deshalb gerne im Laufstall und haben manchmal selber schon danach verlangt. Jeder, der mal Dein Kind für Dich hütet, wird Dir danken, dass es diese Laufstallzeit gibt! Ein Kind, das gelernt hat, sich für einen bestimmten Zeitraum alleine zu beschäftigen, und nicht permanent Bespaßung von Erwachsenen braucht, ist viel leichter zu beaufsichtigen. Also – lass Dich nicht von der allgemeinen Laufstall-Verachtung anstecken! Du benutzt den Laufstall nicht, um Dein Kind stundenlang wegzusperren, sondern um ihm sicheres und konzentriertes Spielen zu ermöglichen und Dir einen wichtigen Freiraum zu verschaffen. Ist Eure Wohnung auch noch so klein – finde eine Ecke für einen Laufstall!

Zum Weiterdenken

Wie könnte ich meinem Kind beibringen, sich eine seinem Alter angemessene Zeit alleine zu beschäftigen? Welche Alternativen gibt es zu einer »Rund-um-die-Uhr-Bespaßung«?

♥

Bei welchen Tätigkeiten kann mein Kind mich beobachten und so das Leben und die wesentlichen Alltagsabläufe kennenlernen?

Zusammenfassung

Auch wenn man sich das am Anfang nicht so klarmacht: In den ersten Lebensmonaten legst Du durch die Art und Weise, wie Du mit Deinem Kind umgehst, ein Fundament für seine ganze spätere Entwicklung. Deine Liebe, Zuwendung und Fürsorge werden es für sein Leben prägen. Doch auch schon in dieser frühen Zeit findet bereits Erziehung statt. Denn den Säugling an einen elterngelenkten Rhythmus zu gewöhnen, ihm beizubringen, sich eine seinem Alter angemessene Zeit alleine zu beschäftigen, dem älter werdenden Kind zu zeigen, dass es seinen Willen nicht mit Geschrei durchsetzen kann, und zu erwarten, dass es auf seine Eltern hört – alles das ist bereits Erziehung. Wenn Du diese Dinge verpasst, hast Du es in den danach folgenden Jahren um einiges schwerer. Was aber nicht heißen soll, dass es keine erzieherischen Herausforderungen mehr geben wird, wenn die ersten beiden Lebensjahre gut verlaufen sind!

Natürlich gibt es Zeiten in diesen ersten Jahren, in denen wir an unsere Grenzen kommen, nur noch müde sind und ein Vormittag ohne Kinder schon der Himmel auf Erden zu sein scheint. Ich erinnere mich, dass mein ahnungsloser Mann eines Tages von der Arbeit anrief, um zu hören, wie es mir ging, und ich in Tränen ausbrach, weil gerade alles schieflief und ich wirklich zweifelte, ob ich diese Phase mit den Kindern bei klarem Verstand überleben würde. Doch ein paar Stunden später, als die Truppe im Bett war, sah die Welt schon wieder anders aus. Mir hat es geholfen, mir in diesen anstrengenden Zeiten bewusst zu machen, wie viele

Herausforderungen jetzt noch überhaupt keine Rolle spielen: Es gibt erst wenig negative Einflüsse von außen, keinen Gruppendruck in der Schule, keine komplizierten Themen, keine komplexen Erziehungs-Herausforderungen, keine emotionsgeladenen Diskussionen, nur wenig Verpflichtungen. In diesem frühen Alter geht es nur um Gehorsam bei einfachen Ansagen und das Einfügen in einen elterngelenkten Alltag. Das ist schon alles. Und daneben gibt es viel Zeit für schöne gemeinsame Erfahrungen und die ersten Schritte als Familie. Es ist keine unendlich komplizierte Sache, ein Baby zu versorgen oder ein Kleinkind zu erziehen! Für einen Teenager mitten im Hormonchaos, der mit sich selbst und der Welt klarkommen muss, braucht man sicher viel mehr Weisheit.

> In diesem frühen Alter geht es nur um Gehorsam bei einfachen Ansagen und das Einfügen in einen elterngelenkten Alltag. Das ist schon alles.

Du kannst Dich also auf diese ersten Jahre mit Deinem Kind wirklich freuen. Es ist einfach eine besonders schöne und intensive Phase, trotz mancher Einschränkungen, die jedes Baby mit sich bringt. Sicher wirst Du später noch oft mit einer Prise Wehmut an diese ersten Jahre zurückdenken. Es ist eine Phase, in der vieles im Leben langsamer verläuft: Wann hat man später noch einmal Zeit für so viele ausgedehnte Spaziergänge? Wann bleibt man noch einmal stehen, um fünf Minuten einem Käfer zuzusehen, der über den

Bürgersteig krabbelt? Oder wann hat man im Leben noch einmal das Privileg, so viele Stunden ohne Termine und Fahrten zu Hause zu sein? Es ist wirklich schade, wenn diese großartige Zeit für viele junge Mütter unnötig schwer wird, weil sie nicht bereit sind, die Rolle anzunehmen, die Gott ihnen zuteilt, oder weil sie meinen, an einem falschen Menschenbild festhalten zu müssen. Wenn Du aber einige einfache Grundsätze zum Thema Erziehung beherzigst, können die »Babyjahre« eine wundervolle Zeit für Dich und Deine ganze Familie sein.

8

Befreiung

»Und die Frau nahm das
Kind und stillte es.
Und als das Kind groß
wurde, brachte sie es der
Tochter des Pharaos ...«

2. Mose 2,9.10

Babykurse

Wenn Du eine junge Mutter mit Kinderwagen in der Stadt triffst, ist sie mit ziemlicher Wahrscheinlichkeit zu einer Spielgruppe oder einem Kurs unterwegs. Ich glaube, dass der Nutzen von diesen Spielgruppen und Baby-Treffs in den ersten zwei Lebensjahren im Allgemeinen überbewertet wird. Eine gläubige Mutter klagte ganz verzweifelt, ihr zweites Kind täte ihr so leid, weil sie es zeitlich nicht schaffe, mit ihm eine Krabbelgruppe zu besuchen. Dabei sei das doch für die Entwicklung so wichtig! Meiner Meinung nach braucht sich diese Mutter gar keine Sorgen zu machen. Den Krabbelgruppen-Boom gibt es noch gar nicht so lange, davor waren zwar in der Regel mehrere Geschwister im Haus oder Kinder in der Nachbarschaft, aber auf jeden Fall war in der ersten Zeit ein Kind meistens bei seiner Mutter. Wenn Krabbelgruppen und das Spielen mit Gleichaltrigen in den ersten zwei Jahren wirklich so entscheidend für eine gesunde Entwicklung wären, dann wäre ja ein Großteil der Menschen extrem benachteiligt aufgewachsen! Wenn Du also genug andere Termine hast, dann brauchst Du kein schlechtes Gewissen zu haben, weil Dein Kind das übliche Babyprogramm von heute nicht mitmacht. Es wird bestimmt keinen Entwicklungsnachteil haben – und auch immer noch einen guten Schulabschluss machen können! Gesunde Kinder lernen und entwickeln sich in einer kindgerechten Umgebung in diesem Alter von ganz allein. Genieße es, dass die Lernerfolge noch von selbst kommen (leider ist das später bei den Englisch-Vokabeln und Mathe-Aufgaben nicht mehr der Fall), und lass Dir nicht einreden, dass Dein Kind unbedingt besondere elektronische Lernprogramme für Babys, eine zweisprachige Krabbelgruppe oder ein spezielles Bewegungsprogramm bräuchte.

Für eine junge Mama ist es natürlich schön, Kontakte zu anderen Frauen und Ansprechpartner in der gleichen Lebenssituation zu haben. Wenn man ein bis zwei Stunden in Gemeinschaft mit anderen hatte, fällt es einem auch leichter, den Rest des Tages wieder alleine mit dem Kind zu Hause zu sein. Und der Mann ist sicher auch entlastet, wenn die Frau das Redebedürfnis eines ganzen Tages am Abend nicht nur auf ihn fokussiert! In Anbetracht dieser Tatsachen spricht gar nichts dagegen, wenn Du Dir eine der Mutter-Kind-Gruppen suchst, die überall angeboten werden. Vom missionarischen Standpunkt aus gesehen bieten sie sicher ganz besondere Möglichkeiten.

Heute finden sich viele junge Mütter, die bis kurz vor der Entbindung berufstätig waren, nach der Geburt fast ohne soziale Kontakte wieder. Sie kennen oft gar keine Vollzeit-Hausfrauen, und ihre Ursprungsfamilie wohnt nicht immer in der Nähe. Die Krabbelgruppe erfüllt daher einen Teil der Funktion, die Familie und Freunde früher hatten. Das Zeitfenster, in dem die Frauen viel Zeit haben und offen für neue Kontakte sind, beträgt aber nur ein bis zwei Jahre, weil dann die meisten wieder arbeiten gehen und ihr Leben sehr voll ist. Doch die Kontakte aus der ersten Gruppe bleiben oft lange bestehen, manchmal sogar bis zur Schulzeit der Kinder. Es ist also eine große Chance, um langfristige Freundschaften zu knüpfen.

Es ist eine große Chance, um langfristige Freundschaften zu knüpfen.

Wenn Du keine Krabbelgruppe besuchen möchtest, geht das Kennenlernen auch oft schon auf dem Spielplatz. Ich wurde unzählige Male von fremden Eltern angesprochen: »Wie alt ist Deine Tochter denn?« oder »Sind das Zwillinge?« – und es ergab sich ein nettes Gespräch. Mit wildfremden Leuten auf der Straße länger zu sprechen, klappt in Deutschland ja sonst höchstens, wenn man einen Hund hat! Aber mit einem Baby oder zweien kann man kaum in Ruhe irgendwo unterwegs sein. Wenn Du eine Begabung darin hast, in solchen Gesprächen das Thema auf Jesus Christus zu lenken (was mir leider viel zu selten gelungen ist), hast Du hier unzählige Möglichkeiten und ein riesiges Arbeitsfeld. Geh einfach mit Deinem Kinderwagen dorthin, wo andere Mütter sind. Man sitzt zusammen, hat Zeit zum Reden, vielleicht als Mutter dieselben Probleme, als Christ aber doch eine andere Kraftquelle. Eine wunderbare Möglichkeit!

Aber hier ist auch eine besonders große Portion Geduld erforderlich. Ich kann mich an viele Situationen erinnern, wo ich mich mit einer anderen Mutter auf eine Tasse Kaffee verabredet hatte, aber dann doch irgendeine Belanglosigkeit ihrerseits dazwischenkam: »Ich kann leider doch nicht kommen, Lena hat länger als sonst geschlafen und ist so unleidlich.« Manchmal wollten wir auch gemeinsam die Bibel lesen oder einen Glaubensgrundkurs machen, aber das war fast nicht möglich, weil sie immer mit einem Ohr bei ihrem Kind war oder ihr Baby unbedingt die ganze Zeit auf dem Arm halten musste. Aber immerhin – eine Chance! Es lohnt sich bestimmt, den Rhythmus Deines

Tages so einzurichten, dass Du Dich nicht in Deiner Wohnung verkriechst, sondern Zeit hast, Beziehungen zu anderen jungen Müttern aufzubauen. Später, wenn alle Frauen zwischen Arbeit, Kita, Ballett-Unterricht und Schule hin- und herhetzen, wirst Du wehmütig daran zurückdenken, wie viel Zeit zum Reden Du in der Babyzeit mit Deinen ungläubigen Freundinnen hattest! Man beobachtet auch, dass in dieser ersten Zeit Frauen erstaunlich offen für Glaubensfragen sein können – vielleicht weil das Mutter-Werden ihre ganze bisherige Identität hinterfragt.

Allerdings musst Du, wenn Du viel Zeit in Krabbelgruppen oder unter jungen Müttern auf Spielplätzen verbringst, umso mehr darauf achten, vom Herrn und von der Bibel her geprägt zu bleiben. Manche Gespräche unter Mamas bestehen hauptsächlich aus Lästereien über das unmögliche Outfit einer anderen Mutter, drehen sich um unwichtige Äußerlichkeiten, oder es werden die angeblich völlig unfähigen Ehemänner aufs Korn genommen. Oft wird auch viel gejammert oder die Fragen zielen immer in dieselbe Richtung: »Und – wann fängst Du wieder an zu arbeiten?« »Wie – Dein Sohn ist immer noch nicht in der Kita angemeldet?« Die Chance birgt daher auch eine Gefahr. Eine Schwester erzählte mir, dass in der Spielgruppe, die sie mit ihrer zweijährigen Tochter besuchte, alle anderen Frauen der Meinung waren, dass Ordnung die

> Bete doch mit Deinem Mann dafür, wie Ihr die besonderen Möglichkeiten dieser Babyzeit für Gott nutzen könnt.
>
> ♥

freie Entfaltung ihrer Kinder hemmen würde, und sie sich daher immer verteidigen musste, wenn sie ihre Tochter zum Aufräumen anhielt. Drastischer war noch, dass die anderen Mütter ganz begeistert von Konzepten berichteten, wonach die Kinder nackt miteinander spielen und so die Möglichkeit bekommen sollten, ihre kleinen Körper zu erkunden. Bete doch mit Deinem Mann dafür, wie Ihr die besonderen Möglichkeiten dieser Babyzeit für Gott nutzen könnt, ohne dass Ihr negativ beeinflusst werdet und Eure biblische Einstellung zum Thema Familie kaputt gemacht wird.

Betreuung ohne Mutter

Ein immer größer werdender Anteil der unter drei Jahre alten Kinder wird in Deutschland nicht mehr zu Hause, sondern in einer Kindertagesstätte betreut. Im ersten Lebensjahr ist die Mehrheit der Kinder noch zu Hause, ab dem zweiten Lebensjahr aber immer häufiger in einer Betreuungseinrichtung.[13] In unserer Stadt wurde im letzten Jahr eine Elternbefragung über den Betreuungsbedarf durchgeführt. Knapp 60 % der Eltern der zwei- bis dreijährigen Kinder wünschten sich bereits eine 45-Stunden-Betreuung für ihr Kind! Die allermeisten nicht bei einer Tagesmutter, sondern in einer Kindertagesstätte. Ein Kind mit anderthalb oder zwei Jahren in die Kita zu bringen, ist in vielen Teilen Deutschlands so normal wie Marmelade zum Frühstück! Es ist die Regel, nicht die Ausnahme – und wird von immer

---

13 Auf der Internetseite des Statistischen Bundesamtes (www.destatis.de) findest Du die aktuellen Zahlen der Kleinkindbetreuung, aufgeschlüsselt nach Bundesländern.

weniger Menschen hinterfragt. Es ist sogar so, dass sich Paare rechtfertigen müssen, die ihr Kind erst mit drei oder vier Jahren in den Kindergarten geben – weil es dann angeblich einen Bildungsnachteil hat. Manchmal ist es dann auch schon schwierig, überhaupt noch einen Platz zu bekommen.

Ein Kind mit anderthalb oder zwei Jahren in die Kita zu bringen, ist in vielen Teilen Deutschlands so normal wie Marmelade zum Frühstück!

Aus unserem Umfeld kommen unter drei Jahre alte Kinder nicht nur in die Kita, weil beide Elternteile arbeiten gehen, sondern auch, wenn ein kleines Geschwisterchen zur Welt gekommen und die Mutter zu Hause ist. Denn oft ist der Tag mit dem Baby so anstrengend, dass die Mutter froh ist, wenn das zweijährige Kind für einige Stunden außer Haus ist. Außerdem glauben viele wirklich, dass dem älteren Kind etwas entgeht, wenn es mit seinen zwei Jahren noch nicht jeden Tag mit Gleichaltrigen spielen kann. Da der Trend der Gesellschaft stark in diese Richtung geht, muss ein Buch über »Babyjahre« leider auch schon ein paar Worte zum Thema Betreuung enthalten.

Man hört zwar überall, dass in Bezug auf den Kindergarten »je früher, desto besser« gelte – aber wenn man sich genauer mit dem Thema auseinandersetzt, sieht die Sache anders aus. Die bislang größte Studie zur frühkindlichen Betreuung ist die NICHD-Studie[14], die ab 1991 über viele Jahre in den USA mit weit über 1000 Kindern durchgeführt wurde. Es wurden sehr viele Varia-

14 https://www.nichd.nih.gov/research/supported/seccyd/Pages/datasets.aspx (aufgerufen am 07.04.2017).

blen untersucht, und es gibt über 300 Einzelpublikationen dazu. Aufgrund der Fülle von Daten wird diese Studie häufig zitiert, manchmal werden sogar unterschiedliche Positionen damit belegt. Interessant für unser Thema ist, dass die Dauer der Gruppenbetreuung unter vier Jahren signifikant mit vermehrtem Problemverhalten im Vorschulalter und Schulalter korrelierte. Je mehr Stunden die Kinder kumulativ in einer Einrichtung verbrachten, desto stärker zeigten sie später dissoziales Verhalten (schlagen, treten, dazwischenreden, hänseln etc.). Negative Effekte ließen sich bis ins Teenageralter nachweisen.[15]

Andere Studien zeigen, dass Kinder, die schon vor Vollendung des dritten Lebensjahrs in Kindertagesstätten etc. betreut werden, im Vergleich zu familiär betreuten Kindern häufiger Kopfschmerzen haben, häufiger an Neurodermitis leiden, häufiger von Adipositas betroffen sind und durch verminderte Immunabwehr (niedrigeres Immunglobulin A) häufiger an Infektionen leiden. Aufschlussreiche Studien gibt es auch zur Situation in Quebec, wo 1997 durch hohe staatliche Subvention eine fast flächendeckende Ganztagsbetreuung für unter drei Jahre alte Kinder eingeführt wurde. Die Situation in Quebec lässt sich nun mit der in anderen kanadischen Provinzen vergleichen, in denen die frühkindliche Betreuung nicht ausgebaut wurde. Hier fällt nicht nur eine Verschlechterung kindlicher Parameter auf (wie die Abnahme sozialer, kognitiver

. . . .

15 Befürworter einer frühen Kita-Betreuung erklären diesen Effekt übrigens damit, dass aufsässigere Kinder tendenziell von ihnen Eltern früher weggegeben würden, während man ein stilleres Kind lieber noch zu Hause behalte. Das negative Verhalten hängt ihrer Ansicht nach also nicht ursächlich mit der frühen Betreuung zusammen.

und motorischer Fähigkeiten, die Zunahme von Hyperaktivität u. a.), sondern auch eine Verschlechterung elterlicher Parameter. Dazu gehören die Zunahme mütterlicher Depressionen, die Verschlechterung verschiedenster Eltern-Kind-Parameter sowie interessanterweise auch eine schlechtere Beziehungszufriedenheit der Mütter.

Ich finde es auch wichtig zu wissen, dass 80 % der unter drei Jahre alten Kinder in Tageseinrichtungen erhörte Werte des Stresshormons Cortisol aufweisen (das sich leicht über einen Speichel-Test messen lässt). Die Stresssituation, ohne Mama über mehrere Stunden in einer größeren Gruppe zu sein, scheint die emotionalen Bewältigungsmöglichkeiten dieses Alters zu übersteigen, denn ältere Kindergartenkinder zeigen keine erhöhten Cortisolwerte mehr. Bemerkenswert ist, dass bei den frühbetreuten Kindern veränderte Cortisolspiegel bis ins Teenageralter nachweisbar sind. Man weiß heute, dass häufige frühkindliche Stress-Episoden nicht nur das Risiko für spätere körperliche und seelische Erkrankungen erhöhen, sondern auch dauerhaft die Fähigkeit zur Stressregulation beeinträchtigen. Es ist wirklich extrem traurig, wie viele Kinder heute ohne Not diesem frühkindlichen Stress ausgesetzt werden! Die negativen gesamtgesellschaftlichen Folgen dieser Entwicklung werden erst in einigen Jahren völlig zutage treten.

Man hört immer wieder, dass Kinder, die früh in eine Kita gehen, angeblich eher ein Gymnasium besuchen, weil sie einfach durch die frühe Förderung schlauer wären. Tatsächlich legt dies eine Studie der Bertelsmann-Stiftung nahe.[16] Allerdings kann an dem Design der Studie kritisiert werden, dass dabei der Entwicklungsstand der Kinder nicht berücksichtigt wurde: Eltern von frühentwickelten Kindern geben sie nämlich statistisch gesehen eher in Betreuung, während ein etwas langsames Kind im Durchschnitt länger zu Hause bleibt, was natürlich vernünftig ist. Doch dann hat die Studie nur gezeigt, dass leistungsstarke Kinder eher aufs Gymnasium gehen – was keine neue Erkenntnis ist. Über die spätere Intelligenzentwicklung von Kindern haben italienische Wissenschaftler im Jahr 2016 eine Studie veröffentlicht. Sie hatte zum Ergebnis, dass bei acht- bis vierzehnjährigen Kindern jeder Monat, den sie mit unter drei Jahren in einer städtischen Kita verbrachten, ihren Intelligenzquotienten um durchschnittlich 0,5 % erniedrigt (bei den Mädchen war dieser Effekt sogar noch stärker). Die Forscher führten das darauf zurück, dass diese Kinder weniger Kontakt zu Erwachsenen hatten, was aber für die Intelligenzentwicklung ein ausschlaggebender Faktor zu sein scheint.[17]

Natürlich gibt es Kinder (leider scheinen es immer mehr zu werden), die von einer frühkindlichen Betreuung profitieren, weil ihre Eltern sie verwahrlosen lassen,

> Zu wenig Kontakt zu Erwachsenen scheint für die Intelligenzentwicklung eines Kindes ein negativer Faktor zu sein.

16 https://www.bertelsmann-stiftung.de/de/presse/pressemitteilungen/pressemitteilung/pid/studie-besuch-einer-kinderkrippe-fuehrt-zu-groesseren-bildungschancen-und-erhoeht-das-lebenseinkomm/ (abgerufen am 07.04.2017).
17 http://ftp.iza.org/dp9756.pdf (abgerufen am 07.04.2017).

nicht mit ihnen reden, ihnen ungesundes Essen anbieten und sie nur vor den Fernseher setzen. Aber das sollte kein Grund sein, dass einer guten Familie, in denen die Kinder alles haben, was sie brauchen, eingeredet wird, man würde den Kindern etwas Nützliches vorenthalten, wenn sie nicht in diesem jungen Alter in eine Betreuungseinrichtung gegeben werden.

Interessanterweise sollte laut einer Untersuchung der Bertelsmann-Stiftung[18] der Betreuungsschlüssel für unter drei Jahre alte Kinder bei höchstens eins zu drei liegen. Das heißt, dass sich eine Betreuungskraft (idealerweise immer dieselbe) um höchstens drei Kinder dieser Altersgruppe kümmern sollte. Diese Personalintensität wird aber kaum irgendwo erreicht, oft sieht die Realität in den Einrichtungen durch Krankheit und Urlaub noch schlechter aus als der offizielle Betreuungsschlüssel, der meist schon hinter diesem Ideal zurückbleibt. Wäre es nicht am einfachsten, wenn die Mutter zu Hause bliebe und sich um ihre eigenen Kinder in diesem Alter kümmerte? Dann wäre der Betreuungsschlüssel von eins zu drei gewährleistet und die konstante Bezugsperson auch.

Wenn Du Dich näher mit dem Thema der U3-Betreuung[19] auseinandersetzen willst, um in Gesprächen stichhaltige Argumente

> *Wäre es nicht am einfachsten, wenn die Mutter zu Hause bliebe und sich um ihre eigenen Kinder in diesem Alter kümmerte?*

----

18 https://www.bertelsmann-Stiftung.de/fileadmin/files/user_upload/Qualitaet_fuer_ Kinder_unter_drei_in_KiTas_Empfehlungen_an_Politik__Traeger_und_Einrichtungen. pdf (abgerufen am 07.04.2017).

19 Abkürzung für die Betreuung von unter drei Jahre alten Kindern in Kindertagesstätten etc.

zu haben, findest Du in den Fußnoten auf dieser und den vorhergehenden Seiten einige Links zu aufschlussreichen Artikeln, die auf weitere Literatur und die erwähnten Studienergebnisse verweisen.[20] Dieses Kapitel ist keine wissenschaftliche Abhandlung über die Folgen von außerfamiliärer U3-Betreuung, aber es enthält ein paar Hinweise, die klarmachen, dass Du Dich nicht zu schämen brauchst, wenn Du Dein Kind in den ersten beiden Lebensjahren, um die es in diesem Buch geht, bei Dir zu Hause hast. Auch wenn überall gesagt wird: »Studien haben bewiesen, dass die Kita wichtig ist und Bildung fördert«, und: »Je früher, desto schlauer« – Du tust das Allerbeste, wenn Dein Kind in dieser Zeit bei Dir zu Hause sein kann. Ich wünsche Dir, dass Du sicher und fröhlich gegen den Strom schwimmst und Dir nicht einreden lässt, dass Deinem Kind in diesem Alter etwas entgeht, wenn es den größten Teil des Tages mit Dir zusammen ist und nicht in einer größeren Gruppe mit anderen Kindern.

Jede Mutter ist natürlich froh, wenn sie mal ein paar Stündchen für sich hat oder alleine etwas erledigen kann, das mit einem Zweijährigen im Schlepptau doppelt so lange dauern würde. Es spricht absolut nichts dagegen, wenn ein Mädchen aus Deiner Gemeinde zum Babysitten kommt, Du Dich mal mit einer an-

. . . .

20 Zur U-3-Betreuung: http://www.fachportal-bildung-und-seelische-gesundheit.de/FAZ-2012-04-04-Die-dunkle-Seite-der-Kindheit_Essay-Boehm.PDF (abgerufen am 07.04.2017).
http://www.fachportal-bildung-und-seelische-gesundheit.de
http://faculty.arts.ubc.ca/kmilligan/research/papers/baker-gruber-milligan-april2008.pdf (abgerufen am 07.04.2017).
http://www.fuerkinder.org/kinder-brauchen-bindung/experten-meinen/382-risiken-der-fruehen-krippenbetreuung (abgerufen am 07.04.2017).

deren Mama mit dem Kinderhüten abwechselst oder es einen wöchentlichen »Oma-Nachmittag« gibt (sofern die Oma in der Nähe wohnt). Manchmal gibt es auch kleine »Los-Lös-Gruppen«, in denen Kinder ab zwei Jahren für einen überschaubaren Zeitraum an einem Vormittag in der Woche ohne Mutter miteinander spielen können. Also: Dein Kind muss nicht unbedingt rund um die Uhr bei Dir sein. Aber schicke es noch nicht regelmäßig in eine Einrichtung. Dein kleiner Schatz sollte den allergrößten Teil des Tages zu Hause und in Deiner Nähe sein können. Das ist in den ersten beiden Lebensjahren wirklich absolut wichtig. Wenn Du meinst, unbedingt eine regelmäßige Betreuung für Dein ein oder zwei Jahre altes Kind zu brauchen, weil Du zum Beispiel Deine Ausbildung noch abschließen möchtest, dann achte darauf, dass diese Betreuung einer familiären Situation (also eine feste Bezugsperson und nur sehr wenige Kinder) so nah wie irgend möglich kommt.

Ein Kind schaut in diesem Alter Hunderte Male am Tag seine Mama an, versichert sich ihrer Nähe, braucht eine Umarmung und einen Kuss, eine Korrektur, ein Lächeln oder ein liebevolles »Pusten«, wenn es sich wehgetan hat. Jetzt ist die Zeit, in der eine intensive Beziehung aufgebaut wird, eine Nähe und ein Vertrauen, das ein sicheres »Polster« für spätere Trotzphasen und Konflikte ist. Erziehung ohne diese enge emotionale Bindung ist viel schwieriger, als wenn Du durch viele Stunden gemeinsam erleb-

> Dein kleiner Schatz sollte den allergrößten Teil des Tages zu Hause und in Deiner Nähe sein können.

ten Alltags Dein Kind sehr gut kennst und Ihr ein eingespieltes Team seid. Keine »professionelle« Betreuungskraft – und mag sie noch so gut ausgebildet sein – liebt Dein Kind so wie Du und kann ihm das geben, was Du ihm als Mutter gibst. Und erst recht nicht, wenn gleichzeitig viele andere Kinder lautstark Aufmerksamkeit einfordern!

Wenn Dein Kind drei, vier oder fünf Jahre alt ist, ist es bereits windelfrei, kann Dir erzählen, was es erlebt hat, gewinnt ein ungefähres Verständnis von Zeit und kann in einer Gruppe auf andere Kinder Rücksicht nehmen und auch mit dem aggressiven Verhalten anderer umgehen. Dies ist die Phase, in der eine stundenweise Betreuung in einer Gruppe aus entwicklungspädagogischer Sicht sinnvoll und förderlich sein kann. (Was aber nicht heißen soll, dass Dein Kind unbedingt einen Kindergarten besuchen muss. Es gibt sehr gute Argumente, warum manche Christen das für ihre Kinder nicht wollen.) Alle diese wichtigen Kompetenzen sind mit ein oder zwei Jahren aber noch lange nicht vorhanden. Dein Kind braucht in dieser Zeit nicht so sehr gleichaltrige Kinder, denn in diesem Alter spielen Kinder auch noch nicht richtig zusammen, sondern eher nebeneinanderher. Dein Kind braucht vor allem seine Mama – und Du hast die schöne Aufgabe und Verantwortung, es zu versorgen und zu erziehen.

Ein geordneter und gleichzeitig abwechslungsreicher Alltag an Deiner

> Ein geordneter und gleichzeitig abwechslungsreicher Alltag an Deiner Seite ist ein großer Gewinn für Dein Kind.

Seite ist daher ein großer Gewinn für Dein Kind. Morgens kann es sich Bilderbücher anschauen, während Du Deine »Stille Zeit« hast, und Dir danach bei der Hausarbeit »helfen«. Während der Laufstallzeit hast Du Ruhe für die Dinge, die Du gerne machen möchtest. Danach habe ich regelmäßig ein »Morgenstündchen« mit den kleinen Kindern gemacht, die noch bei mir zu Hause waren (jetzt machen wir es vor dem Kindergarten). Wir setzen uns zusammen aufs Sofa und singen einige Lieder aus einem großen Kinderliederbuch mit schönen Bildern. Es entwickelten sich mit den verschiedenen Kindern immer neue Rituale wie das verlorene Schäfchen zu suchen, sich mit ausgestreckten Armen auf das Sofa zu stellen, um darzustellen, wie groß Gottes Liebe ist, oder gemeinsam den Zachäus vom Baum herunterzurufen. Es ist erstaunlich, wie viele Lieder manche kleinen Kinder schon mitsingen und mit ihren Bewegungen begleiten können, bevor sie überhaupt richtig sprechen gelernt haben! Bei schönem Wetter ist danach vielleicht Zeit, mal »einfach so« in den Wald

Wenn Du nur ein wenig einfallsreich bist, wird Dein Kind zu Hause nicht unterfordert oder gelangweilt sein.

zu gehen oder auf dem Rückweg vom Einkaufen an der Baustelle stehen zu bleiben und den großen Maschinen zuzuschauen. Und dann gibt es ein warmes Essen zusammen, einen Mittagsschlaf im vertrauten Bett, eine Zeit, in der das Kind alleine mit seinen Bauklötzen spielt, dann vielleicht ein Bad und abends noch einen Ritt auf Papas Rücken durch die Wohnung. Wenn Du nur ein wenig einfallsreich bist, wird Dein Kind zu Hause nicht unterfordert oder gelangweilt sein, sondern viel mehr Anregungen bekommen, als das in einer Kita überhaupt möglich ist.

Natürlich gibt es diese endlosen, trüb-grauen Regentage, die einfach nicht vorübergehen wollen und an denen man sich fragt, ob eine Betreuung woanders nicht doch eine ganz nette Idee wäre. (Ist es nicht komisch, dass Mütter von älteren Kindern einem immer sagen: »Genieß die Zeit, sie geht sooo schnell vorbei!«, aber dass man an manchen Tagen überhaupt nichts davon merkt?) Vielleicht hilft es Dir, an Folgendes zu denken: Kurze Phasen der Langeweile sind gar nicht schlimm. Sie gehören zum Leben und sind eine wichtige Voraussetzung dafür, dass sich die Kreativität und Fantasie Deines Kindes entfalten können. Wenn Geschwister da sind, haben die Kinder zudem die Chance, durch viele Stunden gemeinsam verbrachter Zeit zu echten Freunden zu werden. Für das Baby ist es ein Gewinn, wenn die Mutter es nicht überbehütet, und auch das ältere Geschwisterchen profitiert sehr davon, wenn es lernt, Rücksicht zu nehmen, leise zu sein, vielleicht auch mal das Fläschchen zu halten etc.

Viel mehr noch als um eine gute Entwicklung unserer Kinder geht es uns Christen ja um den geistlichen Aspekt. Wir wünschen uns doch vor allem, dass unsere Kleinen einmal treue Nachfolger Jesu werden, die den Herrn und die Bibel lieben und einen guten Weg mit Gott gehen. Die biblischen Geschichten von Mose und Samuel zeigen, wie die frühen Jahre bei einer gottesfürchtigen Mutter einen Menschen für sein Leben prägen können. Diese Männer überstanden die schwierigen Zeiten ihrer späteren Kindheit und ihres weiteren Lebens im festen Glauben an den Gott, den sie zu Hause von klein auf kennengelernt hatten. Ich finde, diese Geschichten sind die stärksten Argumente dafür, dass Du Dein kleines Kind bei Dir behalten und es auch schon in dieser frühen Zeit bewusst für den Herrn und sein Reich erziehen solltest! Vielleicht motiviert Dich das folgende Gedicht, den Wert dieser frühen Jahre für Dein Kind zu sehen[21]:

Es kommt eine Zeit ...

da gibt es keine zugeschlagenen Türen,
keine Spielsachen auf der Treppe,
keine Streitereien unter den Kindern,
keine Fingerabdrücke auf der Tapete.

Lass mich dann mit Freude zurückblicken,
nicht mit Bedauern.
Gott, gib mir die Weisheit zu erkennen,
dass meine Zeit mit meinen Kindern heute ist.
Dass es in ihrem Leben keine unwichtigen Momente gibt.

Lass mich erkennen,
dass kein anderer Beruf so wertvoll ist
keine andere Arbeit so lohnend,
keine andere Aufgabe so dringend.

· ·

21   Aus: ethos 5/2015, S. 21.

Hilf mir, diese Aufgabe nicht aufzuschieben
oder zu vernachlässigen,
sondern wirke an mir,
damit ich sie gerne, mit Freuden annehme,
und sei mir gnädig, damit ich erkenne,
dass die Zeit kurz und meine Zeit jetzt ist,
denn Kinder können nicht warten.

Helene Young

Zum Weiterdenken

Wo habe ich mich vom allgemeinen Denken, dass ein Kind möglichst früh außerhalb der Familie betreut werden sollte, anstecken lassen?

Welche schönen Dinge, von denen mein Kind in seiner Entwicklung profitieren wird, könnten wir in der nächsten Zeit zusammen unternehmen?

Welche geistlich gesinnte Mutter könnte mir Tipps geben, meinen Alltag so zu organisieren, dass ich genug Zeit für meine Kinder, mich selbst, aber auch für andere Verpflichtungen habe?

Anders
sein

9

>»Und seid nicht gleichförmig
dieser Welt ...«
Römer 12,2

»Parallel-Universum Baby«

Vor vielen Jahren las ich einmal ein Buch mit dem Titel »Sie wagten es, anders zu sein«. In dem Buch ging es um das veränderte Leben einer Gruppe von Mexikanern, die zum Glauben an Jesus Christus gefunden hatten. Ihr Leben und ihre Einstellung unterschieden sich nach ihrer Bekehrung völlig von der Kultur um sie herum, die von Rache und Grausamkeit geprägt war. Ich kann mich nicht mehr an viele Details der Geschichte erinnern, aber der Titel des Buches geht mir immer mal wieder durch den Kopf. Ich meine, der Satz »Sie wagten es, anders zu sein« sollte nicht nur auf diese mexikanischen Christen, sondern auch auf eine gläubige junge Mutter von heute zutreffen! Denn die Menschen um uns herum, die Gott nicht kennen, gestalten in der Regel ihr Familienleben auf eine Art und Weise, von der wir uns deutlich unterscheiden sollten. Wir müssen es wagen, anders zu sein!

Wie läuft die Anfangsphase, in der es in diesem Büchlein geht, bei den meisten Paaren heute ab? Meist gehen der ersten Schwangerschaft lange Planungen und Überlegungen voraus: Wollen wir überhaupt Kinder? Gibt es vielleicht alternative Lebensentwürfe? Was macht mich am glücklichsten? Wird mich die Rolle als Mutter auch befriedigen? Wenn man sich schließlich doch für ein Kind entscheidet: Wann ist der beste Augenblick für eine Schwangerschaft, damit weder meine Karriere noch die meines Partners gefährdet wird? Zusammen mit dem

> Wir müssen es wagen, anders zu sein!
>
>

Mann fürs Leben eine Familie zu gründen, ist nicht mehr das Normale, sondern nur noch eine von vielen Möglichkeiten – und für manche junge Frau nicht einmal die nächstliegende.

Durch die Ankunft des ersten Kindes wird dann das Leben der frischgebackenen Eltern komplett auf den Kopf gestellt. Bei vielen Paaren wird es bei diesem einen Kind bleiben; mehr als zwei oder drei Kinder zu bekommen, ist für die meisten ohnehin nicht vorstellbar. Das kleine Wunschkind wird daher mit Geschenken und Aufmerksamkeit überschüttet. Die Großeltern beider Seiten (wenn noch vorhanden) sind froh, dass endlich ein Enkelkind da ist, welches sie glücklich machen können. Die Anschaffung der Erstausstattung braucht unglaublich viel Zeit und Geld: Ein ganzer Wirtschaftszweig lebt von der Produktion mehr oder weniger sinnvoller Artikel fürs erste Lebensjahr. Das Geschäft mit der Baby- und Kleinkindausstattung boomt gewaltig – und das bei niedrigen Geburtenraten! (Vielleicht sollte man sich statt einer Liste, was man für sein erstes Baby anschaffen muss, lieber aufschreiben, was man alles *nicht* kaufen will ...)

Aber natürlich geht es nicht nur um den materiellen Aspekt, auch sonst will das Paar von Anfang an alles richtig machen und perfekt informiert sein. So besichtigt man alle Kreißsäle der Umgebung, besucht gemeinsam einen oder mehrere Geburtsvorbereitungskurse, meldet sich rechtzeitig zum Babyschwimmen, zum Rückbildungskurs und zum »PEKiP« an. Weil man sich bewusst für ein Kind entschieden hat, muss nun auch alles perfekt nach Plan laufen. Viele Eltern leben während dieser Zeit in einer Art Parallel-Universum, in dem sich alles um den Säugling dreht.

Die Aktivitäten des vorherigen Lebens scheinen fast ganz zum Stillstand gekommen zu sein, alles muss von nun an »babytauglich« sein. Zugleich ist es eine Welt, auf die man sich nicht längerfristig vorbereitet hat. Welche junge Frau findet es heute wichtig, einmal für ein paar Wochen in einer Familie mit kleinen Kindern zu helfen, um später ihre Aufgaben als Mutter besser bewältigen zu können? So sind viele junge Mamas einerseits unsicher, auf der anderen Seite aber auch sehr über-

zeugt von sich selbst, und tun sich schwer, Rat anzunehmen. Viele denken außerdem, das eigene Kind wäre so speziell und besonders, dass allgemeine Ratschläge keine Gültigkeit hätten. Was ältere Frauen oder gar die eigene Mutter sagen, genießen manche junge Frauen grundsätzlich mit Vorsicht – weil man ja erst seit fünf Jahren weiß, wie man eigentlich mit Babys umgehen sollte.

> Viele Eltern leben während dieser Zeit in einer Art Parallel-Universum, in dem sich alles um den Säugling dreht.

Viele Mamas haben fast jeden Tag einen anderen Termin mit ihrem Baby, weil ihnen zu Hause »die Decke auf den Kopf fällt«. Gleichzeitig werden diese vielen Termine aber nur wahrgenommen, wenn sie zu dem mehr oder weniger unvorhersehbaren Schlafrhythmus des Säuglings passen. Liebe Schwestern aus unserer Gemeinde haben eine evangelistische Krabbelgruppe gestartet, zu der sich zahlreiche gemeindeferne Frauen mit ihren Babys anmelden. Doch die Unverbindlichkeit der jungen Mütter ist oft sehr frustrierend. Manchmal kamen von 10 oder gar 15 angemeldeten Frauen nur zwei oder drei: Bei allen anderen war eben wieder ein Husten, eine unruhige Nacht, ein neuer Zahn oder eine veränderte Schlafenszeit dazwischengekommen. (»Ich kann nicht mehr kommen, mein Baby hat seinen Vormittagsschlaf leider genau auf die Krabbelgruppenzeit verlegt!«, sagte eine Mutter traurig.) Es scheint kaum zumutbar zu sein, dass eine Mutter mit einem Baby jede Woche um eine bestimmte Uhrzeit an einem bestimmten Ort ist! Zum Wohl des Kindes meint man, sein Leben und seinen Terminkalender komplett auf das Kind einstellen zu müssen.

Aber irgendwie gibt es ein Missverhältnis zwischen dem Einsatz für das Kind in dieser ersten Zeit und in den danach folgenden Jahren. Während viele Muttis in den ersten Monaten alles über ihr Baby wissen, ihm alles erdenklich Gute tun und es kaum eine Minute aus dem Auge lassen, muss das Kind danach relativ schnell alleine in der Welt zurechtkommen. Ich erinnere mich an ein Gespräch unter befreundeten Müttern, die ich regelmäßig auf dem Spielplatz traf. Unser drittes Kind war ein gutes Jahr alt, die anderen Frauen hatten vor Kurzem ihr erstes Baby bekommen. Das Gespräch drehte sich um das schier unerschöpfliche Thema »zahnen«. Eine Mutter fragte mich, wie viele Zähne meine Tochter denn schon hätte. »Keine Ahnung«, musste ich zugeben. Ob es nun sechs oder acht waren, wusste ich wirklich nicht. Die Frau starrte mich an, als wäre ich nicht ganz bei Trost. Wie kann man nur nicht wissen, wie viele Zähne das eigene Kind gerade hat? Rabenmutter!

Dieses Gespräch empfand ich als sehr typisch. Die meisten Mütter wissen alles über ihr Baby, kennen Monate später noch

Geburtsgewicht, Größe und Kopfumfang auswendig, wissen natürlich, ob vier oder sechs Zähne da sind, ob die körperliche Entwicklung genau mit dem Durchschnitt übereinstimmt und wie viele Bodys sie in der übernächsten Größe vorrätig haben. Es ist ja auch nicht verkehrt, sich um all diese Dinge Gedanken zu machen – aber im Vergleich zu anderem sind sie doch ziemlich unwichtig. Viel wichtiger ist es doch, dem Baby das zu geben, was es wirklich braucht (zum Beispiel einen Rhythmus), später dabei zu sein, wenn das dreijährige Kind die Welt entdeckt, und ein paar Jahre später mittags live zu hören, was es in der Schule erlebt hat (und nicht erst abends nach einem anstrengenden Arbeitstag). Aber jetzt sind viele der Mütter, welche die ersten Monate rundherum informiert und besorgt waren, erstaunlich weit weg von ihren Kindern. Sie haben zwar im ersten Lebensjahr ihren Alltag vom Baby komplett auf den Kopf stellen und dominieren lassen, aber waren anscheinend doch nicht bereit, ihr Leben langfristig auf Familie einzustellen.

> Aber irgendwie gibt es ein Missverhältnis zwischen dem Einsatz für das Kind in dieser ersten Zeit und in den danach folgenden Jahren.

Das »Parallel-Universum Baby« wird in der Regel recht schnell wieder verlassen, da die meisten Kinder zwischen dem ersten und dritten Lebensjahr bereits den größten Teil des Tages außerhalb der Familie betreut werden und es immer weniger Geschwister gibt. Die Zeit, in der sich die Mutter – und oft auch noch der Vater während der Elternzeit und eine Oma – so intensiv um das Kind drehen, ist also gar nicht so lang. In der Regel wird diese Phase als extrem anstrengend erlebt, irgendwie ist es auch »in«, schwierige und eigenwillige Kinder zu haben. »Tja, mein Kleiner ist halt besonders anspruchsvoll!«, sagte eine Bekannte fast ein bisschen stolz über ihren einjährigen Sohn, der immer noch nicht durchschlief und bei jedem Essen ein Riesengebrüll veranstaltete. Doch irgendwann reicht es den Müttern, die solche Kinder haben (oder ihre Kinder zu solchen Kindern haben werden lassen), dann doch. Oft sind sie froh, wenn sie wieder arbeiten gehen und endlich etwas tun können, was einigermaßen vorhersehbar ist, was sie gelernt haben und worin sie erfolgreich sind.

Das war zugegebenermaßen eine etwas überspitzte Darstellung. Zum Glück läuft es nicht bei allen Familien so! Aber ist Dir auch schon aufgefallen, dass Dein Leben als Mutter kaum mit den biblischen Grundsätzen übereinstimmt, wenn Du einfach nur mit dem Strom schwimmst? Es ist heute eine absolute Ausnahme, eine Mutter zu treffen, die drei kleine Kinder hat und dabei entspannt und glücklich ist. Oder eine junge Frau, die zwar ihr Baby gut versorgt, aber darüber hinaus noch Energien hat, anderen Menschen Gutes zu tun. Oder ein Paar, das sich bewusst gegen den Trend stellt, Papa und Mama müssten alle Aufgaben in der Familie zu möglichst gleichen An-

> Es ist heute eine absolute Ausnahme, eine Mutter zu treffen, die drei kleine Kinder hat und dabei entspannt und glücklich ist.

teilen übernehmen. Oder frischgebackene Eltern, die weiterhin viel Besuch empfangen. In unseren Gemeinden sollten diese Ausnahmen aber die Regel sein. Doch dann müssen wir es auch aushalten, als junge christliche Mütter anders zu sein als unsere Umgebung. Das ist anstrengend, aber auch eine große Chance. Eine christliche Familie fällt heute automatisch auf, viel mehr als noch vor 30 bis 40 Jahren, wo sich ein großer Teil der Gesellschaft zumindest äußerlich an christlichem Gedankengut orientierte.

Wir sollten jedes neue Kind als ein wertvolles Geschenk in die Familie aufnehmen und es gewissenhaft und liebevoll versorgen – aber nicht zulassen, dass es der Mittelpunkt unseres Denkens, unserer Aktivitäten oder unserer Ehe wird. Wir brauchen auch nicht nach der Ankunft eines Babys unseren ganzen Lebensstil ändern – aber wir sollten uns langfristig auf Familie und die dazugehörigen Opfer einstellen. Wir sollten nicht wie viele unserer ungläubigen Freundinnen erwarten, dass ein Kind uns auf Dauer glücklich machen oder zu einem sinnvollen Leben verhelfen könnte – sondern dürfen unser Glück und unsere Zufriedenheit weiterhin in Gott suchen. Bei dem Heer von gestressten und unzufriedenen Müttern oder denen, die sogar öffentlich zugeben, dass sie es bereuen, Kinder bekommen zu haben (»regretting motherhood«), weil sie dafür ihre Unabhängigkeit aufgeben mussten, wirst Du schon eine wandelnde Reklame für den christlichen Glauben sein, wenn Du einfach nur fröhlich, unkompliziert, liebevoll und mit einem zufriedenen Herzen Deine Kinder versorgst!

Leider ist es nicht nur »in der Welt« so, dass der Einsatz, ein warmherziges und stabiles Familienleben zu gestalten, nicht mehr geschätzt wird. Auch manche gläubigen jungen Schwestern haben keinen Blick dafür und denken, dass das jeder automatisch könnte und keine Übung oder Vorbereitung notwendig seien. Dazu ein Beispiel: Auf einer Jugendfreizeit war es üblich, dass die Teilnehmer an einem Tag ihre praktischen Gaben einsetzten, um eine Reich-Gottes-Arbeit zu unterstützen, zum Beispiel einen Gemeinderaum neu anzustreichen, bei einem christlichen Freizeitheim den Rasen zu mähen oder Ähnliches. In der Nähe des Freizeitortes wohnte eine christliche Familie mit mehreren kleinen Kindern, die sich sehr vorbildlich in der Gemeinde und einer überörtlichen Arbeit einsetzte. Der Vorschlag wurde gemacht, ob nicht drei junge Schwestern für ein paar Stunden dorthin fahren könnten, um der Hausfrau zu helfen – vielleicht Gardinen zu waschen, den Keller aufzuräumen, die Küchenschränke auszuwaschen oder eine andere größere Arbeit, für die man immer zu wenig Zeit hat, für sie zu erledigen. Das Verständnis der ledigen Schwestern für diese Art von »guten Werken« war äußerst gering bis gar nicht vorhanden.

> Wenn Du Deine Kinder versorgst, fröhlich den Haushalt führst, Deinem Mann Dienste im Reich Gottes und Zeit mit der Bibel ermöglichst, Gastfreundschaft übst und nach Möglichkeit Deine Gaben in der Gemeinde einbringst, bist Du eine richtige Heldin!
>
> 💚

Was gibt es denn in einer Familie schon Besonderes für Gott zu tun? Und überhaupt – was für ein uncooler Einsatz!

Vielleicht drohst Du als Mutter von kleinen Kindern manchmal im Selbstmitleid zu versinken und fühlst Dich unbrauchbar für Gott, weil Du einige außerfamiliäre Dienste nicht mehr wie früher übernehmen kannst. Doch Du darfst Dir klarmachen: Wenn Du Deine Kinder versorgst, fröhlich den Haushalt führst, Deinem Mann Dienste im Reich Gottes und Zeit mit der Bibel ermöglichst, Gastfreundschaft übst und nach Möglichkeit Deine Gaben in der Gemeinde einbringst, bist Du eine richtige Heldin! Auch wenn in der Welt (und vielleicht leider auch von manchen Glaubensgeschwistern?) Deine Arbeit nicht gesehen oder wertgeschätzt wird – Gott sieht Dich und weiß um Deine tägliche Mühe. Sei anders als Deine Umgebung – der himmlische Vater wird Dich ganz sicher dafür belohnen. Und ich wünsche Dir, dass auch Du den Tag erleben wirst, an dem Dein Mann und Deine Söhne – wenn Ihr welche habt – einmal aufstehen und Dich preisen werden:

Viele Töchter haben tüchtig gehandelt, du aber hast sie alle übertroffen! Die Anmut ist Trug, und die Schönheit Eitelkeit; eine Frau, die den HERRN fürchtet, sie wird gepriesen werden. Gebt ihr von der Frucht ihrer Hände; und in den Toren mögen ihre Werke sie preisen! (Sprüche 31,29-31)

Wie kann ich meine Beziehung zu Gott so vertiefen, dass mir sein Lob wichtiger wird als das meiner Umgebung?

Worin will ich mich von meinen ungläubigen Freundinnen und ihrer Art, Familie zu leben, unterscheiden?

Welche jüngere Glaubensschwester könnte ich regelmäßig einladen und ihr so realistische Einblicke in das Leben einer Mutter von kleinen Kindern geben?

Eine fröhliche Mutter von Söhnen

Die Bibel sagt, dass Kinder ein Geschenk Gottes sind (Psalm 127,3). Sie sind sicher nicht die einzige Form von Segen, die er schenkt, aber doch eine besonders schöne. Unser gesellschaftliches Klima ist nur bei oberflächlicher Betrachtung kinderfreundlich. Wenn Du als Mutter mit mehreren kleinen Kindern im normalen öffentlichen Leben unterwegs bist oder in einem Gespräch erwähnst, dass Du die nächsten Jahre nicht vorhast, wieder außer Haus arbeiten zu gehen, sondern Dich um Deine

Kinder zu kümmern, werden Dich viele verwunderte oder gar verachtende Blicke treffen. Als ich mit unseren Kindern noch viel auf Spielplätzen war, wurde ich oft für eine Tagesmutter gehalten – wenn man damit Geld verdient, ist es anscheinend verständlich, dass man sich mit so vielen Kindern abgibt. Aber nur als Mutter? Einmal fuhr ich mit meinen drei kleinen Kindern mit dem Bus in die Innenstadt, das Baby hatte ich im Tragesitz vorm Bauch, das mittlere saß im Kinderwagen und unsere Älteste (auch noch ein Kleinkind) war an meiner Hand. Der Bus war voll und stickig. Ich habe häufig nette Leute getroffen, die mir beim

> *Sei eine fröhliche Mutter und genieße in vollen Zügen den Segen Gottes – als Zeugnis in einer verdrehten Welt.*

Ein- und Aussteigen halfen, aber oft waren auch alle in Eile und ich musste irgendwie alleine zurechtkommen. An diesem Tag bot mir keiner seine Hilfe an, und ich kam mir in dem Moment, als ich den Kinderwagen die Stufen des Busses hinunterbalancierte, das Baby weinte und ich aufpassen musste, dass unsere Große im Gedränge nicht verlorenging, nicht gerade besonders von Gott gesegnet vor. Der Tropfen, der mein emotionales Fass zum Überlaufen brachte, war die Bemerkung einer schick angezogenen Frau zu ihrer Freundin: »Manche Leute sind aber auch bestraft!«

Solche Situationen wirst Du sicher auch erleben. Kinder – ein Segen des Herrn? Es kann Momente geben, in denen Du sie weniger als Segen und mehr als Last empfindest! Dazu können noch mitleidige Blicke oder Kommentare von ledigen, »super-geistlichen« Schwestern kommen, die von einer Freizeit zum nächsten

Verteileinsatz fahren und Dich bedauern, dass Du im Moment so wenig für Gott tun kannst. In manchen Situationen, in denen ich meinen Alltag als anstrengend und einengend empfunden habe und mich fragte, ob sich die Mühe wirklich lohnt, wurde ich durch die Verse 7-9 aus Psalm 113 ermutigt:

Der aus dem Staub emporhebt den Geringen, aus dem Kot erhöht den Armen, um ihn sitzen zu lassen bei den Edlen, bei den Edlen seines Volkes. Der die Unfruchtbare des Hauses wohnen lässt als eine fröhliche Mutter *von Söhnen. Lobt den HERRN!*

Was ist das größte Glück für einen Mann, der verelendet ist? Dass er wieder auf die Beine kommt und Freunde, Verantwortung und Einfluss hat. Was ist das größte Glück für eine Frau, die einsam und unfruchtbar ist? Dass sie eine fröhliche Mutter von Söhnen wird. Gott möchte uns nicht traurig, sondern froh machen! Danke Gott doch bewusst jeden Tag für Deine Kinder und die vielen freudigen (und manchmal wirklich lustigen) Alltagserlebnisse mit ihnen. Der himmlische Vater hat Dich überreich beschenkt – viele unverheiratete Frauen wären froh, wenn sie das hätten, was Du hast. Gott kann und wird Dir Freude und Erfüllung in Deiner Familie schenken, wenn Du Deine momentane Aufgabe mit ganzem Herzen und zu Seiner Ehre tust. Also, sei eine fröhliche Mutter und genieße in vollen Zügen den Segen Gottes – als Zeugnis in einer verdrehten Welt. Wage es, anders zu sein!

Zum Weiterdenken

Welches Bild einer Mutter vermittle ich meiner Umgebung, die Gott nicht kennt?

Für welche kleineren oder größeren Erlebnisse mit meinem Kind könnte ich heute meinem himmlischen Vater danken?

Wie kann ich eine **fröhliche** Mutter werden?

»Könnte auch eine
Frau ihren Säugling
vergessen, dass sie sich
nicht erbarmte über den
Sohn ihres Leibes? Sollten
sogar diese vergessen,
ich werde dich nicht
vergessen.«

Zum Schluss

Gerne würde ich wissen, mit welchen Gefühlen Du dieses Buch aus der Hand legst. Vielleicht freust Du Dich sehr auf die vor Dir liegende Zeit mit Deinem Baby und kannst es kaum erwarten, manches von dem, was Du gelesen hast, auszuprobieren. Vielleicht bist Du aber auch eher skeptisch und grübelst ängstlich, ob Du das alles schaffen wirst.

In Jesaja 49,15 stellt Gott die Frage: »Könnte auch eine Frau ihren Säugling vergessen, dass sie sich nicht erbarmte über den Sohn ihres Leibes?« Nein, normalerweise passiert so etwas nicht, so lautet die erwartete Antwort. Wir Mütter sind natürlicherweise um das Wohlergehen unseres Babys besorgt und pflegen und versorgen es gewissenhaft. Doch manchmal laufen auch bei uns die Dinge schief, wir machen Fehler oder vergessen unser Kind vielleicht sogar einmal (was mir buchstäblich das ein oder andere Mal passiert ist). Wie tröstlich ist es da zu wissen, dass Gott uns aber niemals vergisst! »Sollten sogar diese vergessen, *ich* werde dich nicht vergessen.« Gottes Versorgung, Fürsorge und Erziehung sind vollkommen. Jede Mutter macht Fehler, aber sie selbst wird von einem fehlerlosen Vater geführt und geliebt. Ist das nicht tröstlich?

Lass mich zum Schluss noch eine kurze Begebenheit erzählen. Vor einigen Jahren musste mein Mann beruflich für ein paar

> Jede Mutter macht Fehler, aber sie selbst wird von einem fehlerlosen Vater geführt und geliebt.

Tage verreisen. Beim Abschied ermahnte er unsere beiden ältesten Kinder, schön lieb zu sein, nicht zu streiten und der Mama zu helfen. Unser Sohn, damals 6 Jahre alt, sah ihn ernst an und sagte feierlich: »Ich verspreche es!« Unsere Tochter, ein Jahr älter, überlegte eine Weile. Dann sagte sie leise: »Ich verspreche, es zu versuchen!«

Über diese Szene musste ich oft nachdenken. Je besser ich mich selbst kennenlerne, desto vorsichtiger werde ich zu sagen: »Ich verspreche es.« Denn oft merke ich, dass ich es einfach nicht so hinbekomme, wie ich es mir vorgenommen habe.

Die Aufgaben einer Mutter sind so vielseitig und ihre Verantwortung ist so groß, dass wahrscheinlich jeder von uns Situationen erlebt, in denen er merkt, dass es einfach nicht gut gelaufen ist. In diesen Momenten bin ich froh, an einen Gott zu glauben, dessen Kraft in den Schwachen mächtig ist (2. Korinther 12,9), den man immer wieder um Weisheit bitten darf (Jakobus 1,5) und der gerne vergibt, wenn man mit seinem Versagen zu ihm kommt (1. Johannes 1,9). Es geht nicht darum, alles perfekt zu machen – aber jeden Tag neu in Abhängigkeit von Gott zu versuchen, eine Mutter nach seinem Herzen zu sein.

Für Deine ersten Schritte auf diesem wunderbaren und spannenden Weg wünsche ich Dir viel Gelingen und Freude!

»Und er hat zu mir
gesagt: Meine Gnade
genügt dir, denn
meine Kraft wird in
Schwachheit vollbracht.«

2. Korinther 12,9

Elizabeth Walker Strachan

Der Lohn einer Mutter
Ein Monats-Andachtsbuch

»Nimm dieses Kind mit und stille es mir, und ich werde dir deinen Lohn geben!«, versprach die ägyptische Prinzessin, als sie seiner Mutter das Baby Mose in die Arme legte. Das sagt im wahrsten Sinn des Wortes Gott zu jeder Frau, der er ein Baby anvertraut. Davon ist die Autorin überzeugt. Doch dieses große Privileg, in Gottes Schöpfungswerk und sein Handeln eingebunden zu sein, steht weitgehend nicht mehr hoch im Kurs, sondern schwer »unter Beschuss«! Der Kampf um »die Lufthoheit über den Kinderbetten« ist schon längst entbrannt. Der eigentlich schönste Beruf der Welt wird je länger, je mehr verachtet, diskriminiert und als einengend, aufreibend und frustrierend empfunden. Auch viele christliche Mütter fühlen sich verunsichert und überfordert – und manchmal beneiden sie die Kinderlosen …

In diesem Buch soll in 31 kurzen Kapiteln die Wichtigkeit und Vielfältigkeit der Aufgaben einer Mutter neu bewusst gemacht werden: Die Berufung als Mutter bedeutet eine elementar wichtige, herausfordernde, vielseitige und anspruchsvolle Aufgabe – von Gott selbst legitimiert. Selbst wenn sonst niemand die Arbeit der Mütter wertschätzen sollte: Er selbst, der uns unsere Kinder gab, will unsere Hilfe sein und wird uns schließlich seinen Lohn geben.

CLV · gebunden · 144 Seiten · ISBN 978-3-86699-351-8